이웃종교인을 위한

한 신학자의

기독교 이야기

국립중앙도서관 출판시도서목록(CIP)

이웃종교인들을 위한 한 신학자의 기독교 이야기 / 지은이
: 이정배. -- 서울 : 동연, 2013
p. ; cm

ISBN 978-89-6447-206-4 03230 : ₩13000

선교(종교)[宣敎]
기독교[基督敎]

235.6-KDC5
266-DDC21   CIP2013011330

이웃종교인을 위한 한 신학자의
기독교 이야기
— 한국적, 생명적 기독교를 말하다

2013년 7월 20일 초판 1쇄 발행
2013년 11월 25일 초판 2쇄 발행

지은이 이정배
펴낸곳 도서출판 동연
펴낸이 김영호
기 획 정진용 편 집 조영균 디자인 최려진
등 록 제1-1383호(1992. 6. 12)
주 소 서울시 마포구 월드컵로 163-3, 2층
전 화 02-335-2630, 4110 팩스 02-355-2640

ⓒ이정배, 2013

잘못된 책은 바꾸어드립니다.
책값은 뒤표지에 있습니다.

ISBN 978-89-6447-206-4 03230

이웃종교인을 위한 한 신학자의

기독교 이야기

― 한국적, 생명적 기독교를 말하다

이정배 지음

동연

책을 펴내며

    본 책을 출판하게 된 사연이 있다. 지난해 정월, 원불교에서 운영하는 원음방송 PD 송지은 교무님께서 전화를 주셨다. '둥근 소리 둥근 세상'이란 코너에서 기독교가 무엇인지를 원불교를 비롯한 이웃종교인들에게 쉽게 알려달라는 요청이었다. 매주 수요일 15분씩 기간은 3개월이란 단서도 있었다. 필자의 활동반경과 중앙대 인근의 원음방송의 절대적 거리도 문제였거니와 3개월을 지속할만한 여력이 없어 잠시 고민했으나 이처럼 좋고 고마운 제안이 어디 있나 싶어 마음을 고쳐먹었다. 기독교 측이 운영하는 방송에서 이웃종교에게 시간을 내준 경험이 전무한 상태에서 이런 기회를 갖는 것이 향후 종교간 대화를 위해서도 유익하다 생각한 것이다.

    이렇게 해서 시작한 15분짜리 방송이 3개월을 넘어 9개월에 이르렀다. 송지은 교무님께서 필자에게 과분한 시간을 맡기신 것이다. 한 주, 한 달 방송을 준비하기 위해 바쁜 시간을 쪼개느라 힘겹기는 했으나 아홉 달이 금방 지나갔고 원고도 제법 묵직하게 쌓여만 갔다. 때때로 원음방송 청취자들로부터 방송이 유익하고 좋았다는 평을 교무님께서 전해 주기도 했고, 우연히 방송을 들은 기독교인들로부터 직접 항의를 받은 적도 있었다. 다른 종교의 방송에 왜 나가냐는 것부터 기독교를 더욱

정통적으로 설명하고 선교를 목적해야지 그리하면 되겠느냐는 항변들이었다. 여하튼 지나고 보니 기쁘고 감사한 일이었으며 이렇듯 책으로까지 펴내게 되었으니 원음방송 측에 깊이 감사할 수밖에 없다.

사실 처음부터 필자는 본 방송 원고를 책으로 만들고자 계획하지 않았다. 매주 맡은 바를 성실하게 감당하자는 마음뿐이었다. 방송이 서너 달 지속되었을 무렵, 대학에 재직 중인 한 지인이 내용이 좋으니 후일 책으로 묶어주면 좋을 것이라는 제안을 받았다. 당시는 이것이 책이 될 것인가를 진지하게 생각하지 않았으나 방송이 끝날 무렵에서야 그리 할 수도 있겠다고 여겨졌다. 그런 와중에 늘 신세를 지고 있는 동연 출판사 김영호 사장께서 적극적으로 출판 의향을 보여주신 것이 감사하다. 필자가 계획한 여러 원고 뭉치 중에서 본 원고를 선뜻 집어 오늘에 이른 것이다.

사실 이웃종교인을 위해 기독교를 말하고 대화하려는 노력이 지금껏 거의 없었다. 있었다면 상대방을 선교의 대상으로 여기는 시도들뿐이었을 것이다. 따라서 이웃종교인들 뇌리 속에는 기독교에 대한 일천한 이해만이 자리하고 있었다. 기독교 신학의 심오한 멋과 맛을 느낄 기회가 그들에게 거의 부재했다. 이는 모두 기독교 내지 교회가 자기 할 일을 제대로 못한 탓이다. 그럴수록 이 땅의 신학자들이 얼마나 민족, 문화, 생명의 주제를 부여잡고 힘겹게 살았으며 기독교를 조선 혼을 지닌 종교로 만들기 위해 힘썼는가를 알리는 것이 필요했다. 따라서 본 책은 이웃종교인들에게는 '다른 기독교'도 있음을 알리는 기회로, 기독교인들에게는 '대화' 자체를 선교의 과제로 인식하는 새로운 기회로 읽혀졌으면 큰 기쁨이 될 것이다. 아홉 개의 큰 주제를 갖고 질문과 대답 형식으로 짧게 구성된 본 책의 장단점이 있을 수 있겠다. 매 주제에 대한 설명이 간단명료하여 부족하겠으나 오히려 궁금증이 더 많아지는 책이 되기를 바랄 뿐이다. 예수가 대답이라 믿으면 믿을수록 우리의 문제(물음)가 무엇인가를 더욱 치열하게 묻는 것이 기독교인 된 우리의 과제라 생각하는 탓이다.

여하튼 본 책을 통해 기독교와 이웃종교가 지금보다 훨씬 가깝게 서로를 이해할 수 있게 되기를 간절히 바란다. 본 책의 출간을 스승 변선환의 뒤를 이어 한국종교인평화회의(KCRP) 산하 종교간 대화 위원회 위원장직을 맡은 필자의 책무라 여기며 더욱 은총의 감각을 갖고 세상을 살고자 다짐한다. 세상에 온통 은총 아닌 것이 없고 이것을 아는 것이 종교의 첫걸음이라 생각하는 탓이다. 이렇듯 서문을 쓰는 날, 필자와 한국 조직신학자들에게 큰 힘이 되어 주었던 엄주섭 장로님의 사모님 신후자 권사께서 소천 하셨다. 두 달 전에도 단해 교회에서 뵈었는데 말이다. 하느님께서 그 영혼을 고이 받으셔서 더욱 평화롭게 하시기를 빌며 남은 유족들에게도 큰 위로와 소망이 있기를 기도드린다.

2013년 7월 2일
부암동 현장 아카데미에서
이정배 삼가 씀

차 례

책을 펴내며   005

첫째 마당
종교에 대하여   011

둘째 마당
한국 기독교 역사를 개관하다   035

셋째 마당
한국 기독교 역사 속의 위대한 사상가들
: 유영모 함석헌 김교신 이용도 김재준   059

넷째 마당
기독교인은 무엇을 믿는가 Ⅰ
: 기독교 신앙의 학문 체계에 관하여   087

다섯째 마당
기독교인은 무엇을 믿는가 Ⅱ
: 기독교 신앙의 학문 체계에 관하여   111

여섯째 마당
세계교회협의회(WCC)와 종교간 대화   135

일곱째 마당
기독교와 과학의 대화는 가능한가   159

여덟째 마당
기독교는 생태적 종교인가
: 기독교와 생태학의 관계에 대하여   181

아홉째 마당
토착화 신학자들
: 기독교는 과연 이 땅에 뿌리내릴 수 있겠는가   205

첫째 마당

종교에 대하여

첫째 주

나는 어찌 종교적 삶을 살게 되었나

1. 종교와 관계된 어린 시절은 어떠했는지

　　필자는 기독교와 전혀 무관한 삶의 환경에서 태어났다. 유교 경전을 읽고 제문을 쓰고 축문을 손수 만들어 조상 제사 지내는 것을 세상에서 가장 중요하게 생각하는 부친과 칠월 칠석이 되면 예쁘게 치장하고 장독대 위에 정화수를 떠 놓고 가족의 안녕을 기원하는 칠성당 신앙을 지닌 어머니를 보고 자랐으니 말이다. 그럼에도 제사 끝 무렵에 자신의 불효를 뉘우치며 눈물 흘리는 아버지의 마음, 자식을 둘씩이나 앞세워 본 경험이 있는 어머니의 자식을 위한 헌신 등을 어렴풋이 느끼며 종교적 심성을 키운 것 같다. 초등학교 4학년이 되어서야 교회를 처음 접할 수 있었다. 당시 교회가 참으로 좋았고 편안했었다.

2. 어떻게 기독교 신앙을 갖게 되었는지

서울서 제법 큰 사업을 하던 부친의 갑작스런 실패로 어머니 고향인 충북 보은의 한 시골 마을로 초등학교 1학년 말 이주하게 되었다. 그곳에 살면서 들로 산으로 뛰놀며 공부와 무관하게 살던 어린 필자를 어머니는 4학년 초 무작정 서울 학교로 전학시켰다. 무너진 가계를 다시 재건하려면 서울 가서 공부해야 한다는 어머니의 모진 마음 덕분이었다. 방학이 되어 고향에 내려가면 어머니는 일주일도 지나지 않아 손사래 치며 서울로 어서 가라고 필자를 내몰았다. 어린 자식을 홀로 떠나보내는 어머니의 눈물을 보고 그녀 역시 너무 마음이 아팠을 것이란 생각도 했다. 서울로 올라와서 며칠 동안 외로움의 눈물을 얼마나 많이 흘렸는지 헤아릴 수 없다. 그런 외로움이 필자의 발길을 동네 교회로 옮기게 한 것 같다. 그 시절, 주변 친구들과 어울려 교회 다니는 것이 얼마나 행복했는지 모른다. 그 이후로 교회가 익숙해졌고 후일 중고등학교 진학을 선택하는데도 많은 영향을 끼쳤다. 기독교 학교로 진학한 이후 열심을 다해 학교생활을 했고 영락교회에 적을 두었으며 기독교적 가치 실현을 삶의 목표로 삼게 되었다.

3. 기독교 신앙을 접한 후 부모님과 종교적 갈등이 없지 않았을 것 같은데

기독교 신앙에 몰입하면서 어린 필자는 기독교 신앙을 최고라 여겼고, 교회가 가르친 대로 그 밖의 어떤 종교도 진리와 멀다고 믿었다. 방학 중에 집에 가서도 대화 중에 이런 생각이 불쑥 터져 나와 부모님의 종교적 삶을 부정하는 발언을 서슴지 않았다. 어느 경우는 제사에도 참석지 않았고 미신을 섬기는 어머니를 부끄러워 한 적도 많았다. 고등학교 때는 기독교에 몸담지 않으면 구원이 없다는 교회 가르침을 부모님 면전에서 강한 어투로 내뱉다가 부친으로부터 크게 혼난 적도 있었다. 지나친 감정적 어투로 부모님 마음을 크게 상하게 한 것이다. 그날 부친으로부터 큰 매를 맞았으나 오히려 어머니의 따뜻한 위로를 받은 것이 기억난다.

4. 그런 상황에서 어찌 신학대학에 진학하여 공부했고 목사가 되었는지

고등학교 시절 학교와 교회에서 필자는 능력 있는(?) 학생으로 평가 받았다. 두 곳에서 모두 인정받았고 좋은 목사님도 만날 수 있었다. 기독교의 교리에 흥미가 있었으나 그보다 선택의 기폭제가 되었던 것은 목사의 삶을 살아보고 싶다는 열망 때문이었다. 남을 위해 헌신하고 사랑하는 삶이라면 부모의 반대가 있더라도 시도할 가치가 있다고 생각한 것이다. 하여 필자에 대한 다른 기대를 지녔던 부모님을 속이고 신학대학으로 진로를 정했다. 하지만 현실의 신학교는 생각과는 딴판이었다. 거짓과 위선이 일반 사회보다 적지 않았고, 목사 또는 장로를 아버지로 둔 동료들과 필자의 존재는 하늘과 땅 만큼 차이가 나 보였다. 게다가 부모님께 거짓말을 했다는 죄책감이 가중되어 몇 번이나 학교를 포기할 생각도 했다. 그러나 마침 평생의 멘토가 되어 준 선생님 한 분을 만났다. 스위스 바젤 대학에서 늦은 유학을 마치고 돌아온 변선환 선생님이었다. 돌이켜 보면 그분과의 만남이 학업을 지속시켜 준 힘이었다. 그분의 가르침을 통해 부모님의 신앙, 그들이 평생 지켜왔던 삶의 가치가 결코 잘못된 것이 아니라는 사실도 알 수 있었다. 신앙 때문에 부모의 존재를 열등하게 생각하던 필자에게 그분의 가르침은 부모를 무시했던 죄로부터 해방감을 주었고 오히려 신학을 열심히 공부하는 계기가 되었다.

5. 변선환 선생님의 가르침을 좀 더 구체적으로 언급한다면

선생님은 스위스 바젤 대학교에서 아프리카의 성자로 알려진 슈바이처와 철학자 야스퍼스 사상을 종합하여 독자적인 신학 체계를 세운 프릿츠 부리 교수를 사사한 분으로 당시 학생들에게 영향력이 지대했다.

세상 사람들은 저마다 자신 소유의 전통에서 자신만의 신앙을 가질 수 있는데, 이 경우 각기 다른 전통과 종교는 인류의 미래를 위해 상호 불가결한 보충이 된다고 선생님은 말했다. 이런 생각을 가졌기에 선생님은 교회 밖에도 구원이 있다는 말을 감히 할 수 있었을 것이다. 또한 선생님은 십자가와 공空이라는 당시로서는 이해할 수 없었으나 무척이나 중요한 두 개념을 상호 연결시켜 설명해 주기도 했다. 은퇴 직전 이런 주장으로 말미암아 결국 감리교단으로부터 출교 당했으나 선생님은 우리 시대에 필요한 것은 순교자라고 역설하면서 쓰디쓴 독배를 홀로 마셨다. 2012년은 선생님의 출교 20년이 되는 시점이었다. 자신의 마지막 논문을 원광대학교에서 발표할 예정이었으나 선생님은 끝내 그것을 탈고하지 못했다. 선생님 사후에 필자가 가서 대독했는데 그곳에 모인 모든 분이 묵념했고 참 좋은 목사였다고 추모했다. 앞으로 이런 이야기를 두루 할 것이다.

6. 스위스 바젤 유학 시절, 그곳에서 무엇을 공부했나

학부 3학년 때 선생님을 만나서 신학 하는 재미를 알게 되었다. 선생님의 생각을 알려다 보니 독일어를 열심히 공부해야 했고, 선생님의 스승인 프릿츠 부리, 칼 야스퍼스의 책들을 읽고 논문을 써야 했다. 아울러 동양 종교에 대한 공부도 게을리할 수 없었다. 하지만 선생님은 바젤의 스승 이야기만 좇는 앵무새가 아니었다. 그들의 관심사를 넘어선 선생님은 토착화 신학을 강조했고 아시아의 종교성과 민중의 가난 앞에서 오히려 서구 신학이 세례를 받아야 한다고 역설했다. 소위 종교다원주의, 내지 종교해방신학을 선포한 것이다. 이런 선상에서 선생님은 필자에게 당신은 불교와 기독교의 대화를 주제로 논문을 썼으니 유교와 기독교를 주제로 연구하라고 일렀고 그러한 당부대로 공부하고 돌아왔다. 선생님의 스승이었던 프릿츠 부리 교수가 우리 부부의 스승이 되어 준 것은 참으로 기이한 인연 중 하나이다.

7. 25년 이상 가르친 본인의 학문의 방향성을 총체적으로 설명한다면

변선환 선생님에 이어 필자 역시 세계 평화와 종교 화합을 위해 종교 간 대화를 이론과 실천의 차원에서 관심하고 있다. 한국종교인평화회의(KCRP)에서 종교 간 대화 위원장직을 수행하고 있는 것도 그 이유에서이다. 지금은 문화신학회를 통해 '한류와 기독교의 관계'를 모색하며 큰 책을 준비하고 있다. 기독교의 토착화, 한국 기독교의 뿌리인 유영모, 함석헌과 같은 한국 기독교 초기 사상가들의 폭넓은 시각도 관심하며 포스트모더니즘 사조와 종교 혹은 생태학과 종교의 관계 등도 연구, 발표하고 있다. 종교와 과학 간 대화도 필자의 관심 중 하나이다. 이런 영역들을 엮어 한국적 생명신학을 구성하는 것을 목적하며 산다. 그간 이런 영역에서 10여 권의 저서와 번역서를 출간했다. 이는 하느님을 기독교 혹은 교회 안팎에서 활동하시는 분이란 열려진 사고가 있었기에 가능한 일이었다. 하느님의 활동을 인간이 교리를 통해 한계 지을 수 없다는 생각이다.

둘째 주

종교는 교리(Orthodoxy)가 아니라
영성(실천 - Orthopraxis)이다

1. 도대체 종교란 본래 무엇이며 어찌 이해해야 옳은 것일까

일반적으로 종교宗敎는 한자어가 말하듯 으뜸가는 교리로 이해하곤 한다. 모든 종교가 저마다 으뜸가는 교리이자 그렇게 되고자 하기에 종교 간 갈등이 생겨난다. 물론 인간이 종교적 실재와 무제약적, 절대적 관계를 맺지 못할 경우 그것을 종교라 말할 수 없을 것이다. 하지만 이것은 종교에 대한 바른 정의라 할 수 없으며, 영어 단어 'Religion'의 일본어 번역일 뿐이다. 종교의 라틴어 어원 'Religio'는 본래 세상에 존재하는 것들의 상호관계성을 경외하는 마음으로 지켜본다는 뜻을 지녔으며, 분리된 것을 재결합한다는 의미를 갖고 있다. 그래서 종교의 다른 이름인 거룩(Holiness)은 전체(Wholeness)와 같은 어원에서 나왔다는 말도 있다. 이 점에서 종교란 본래 교리를 지시하기보다는 살아 있는 세계를 여실如實히 바라보는 일이라 말할 수 있다. 그래서 '종교 없는 영성은 가능해도 영성 없는 종교는 존재할 수 없다'는 말도 회자되는 중이다. 따라서 종교적 진리는 명제적, 존재론적이기 보다 수행적(performative) 진리로 이해해야 정당하다. '행함이 없는 믿음은 죽은 것'이며, '사람은 자신이 행한 것만큼만 아는 것'이란 동·서양의 말이 모두 이를 적시한다.

2. 그렇다면 어떤 한 종교에 귀의하는 신앙은 어찌 이해하면 좋겠는지

사람은 누구나 자신의 인연에 따라 특정 종교에 귀의하여 의미 있는 삶을 살 수 있다. 최근 한국인이 이슬람교도로 살아가는 경우를 보았는데 참으로 놀라웠다. 어느 신학자는 신앙을 '절대 의존의 감정'이라 말하기도 하고 '가치를 창조하는 힘'이라 정의하기도 한다. 또한 절대자 앞에서의 '두려움과 떨림의 느낌'이라 말하기도 한다. 그리고 한 인간의 '궁극적 관심'을 신앙이라 칭하는 이도 있다. 그러나 이런 개념들은 모두 서구 기독교에서 통용되는 것들이다. 동양 종교의 시각에서는 이런 정의를 그대로 받아들이기 어려운 부분이 있다. 이에 동·서양을 포용하는 새로운 개념을 생각해 볼 필요가 있다. 주지하듯 한자어로 볼 '견見'과 볼 '관觀'이 있다. 앞의 것이 밝은 대낮에 누구나 보는 것을 지칭한다면, 나중 것은 캄캄한 밤 누구도 볼 수 없을 때 올빼미만이 보는 것을 말한다. 전자가 학문의 세계를 위해 필요한 눈이라면, 후자는 종교(영성)를 위해 요청되는 것이라 하겠다. 고통의 현실 속에서도 은총의 감각을 지닐 수 있고 세계 안에서 전혀 다른 세계를 볼 수 있는 힘을 일컬어 신앙이라 해도 좋을 것이다. 이 점에서 신앙은 기복적 관심과는 거리가 멀다. 불가능한 것을 향한 열정 혹은 마음 다하기의 과정이라 해도 좋다.

3. 그렇다면 현실 세계 내에 이처럼 다양한 종교가 공존하는 이유는 무엇일까

여러 대답이 있을 수 있겠으나 필자는 세계관의 차이라고 본다. 종교와 세계관은 물과 물고기의 관계로 비유할 수 있다. 민물과 바다에 사는 고기가 서로 다르듯 상이한 세계관 안에서 태동한 종교들 역시 다를 수밖에 없다. 그렇다고 종교와 세계관이 같다는 이야기는 아니다. 단지 물과 물고기의 관계처럼 불이적 관계를 맺고 있음을 말할 뿐이다. 세계관이란 자신이 처한 자연 안에서 자신을 이해하는 방식이라 하겠다. 세계 종교와 문명 발생지를 보면 저마다 풍토(환경)가 상이하다. 몬순 지역의 힌두교와 불교, 사막 지역의 히브리 종교, 목장형 풍토 속의 희랍사상이 바로 그렇다. 몬순형 풍토의 인간 이해는 수용적이며, 사막형에서는 의지적 인간 이해가 나오고, 목장형에서는 합리성이 인간의 자기 이해의 모습이다. 상이한 자연환경에 처해 자신을 이해하는 방식에 따라 종교의 형태가 달라지는 것은 당연한 이치이다. 지금까지 서양 기독교는 이 점을 숙지하지 못했다. 그렇기에 기독교 이외의 종교에 '-ism'이란 딱지를 붙여 놓았다. 기독교만 계시 종교이고 여타 종교는 모두 인간이 만든 '이념'이란 비하가 이미 영어의 '-ism'이란 단어에 감추어져 있는 것이다. 풍토에 따라 상이한 종교가 생성되는 까닭에 어느 종교든 그 자체로 가치 절하되는 일은 없어야 하겠다. 오히려 차이 자체가 상호간 대화에 있어 초월과 같은 것임을 숙지할 필요가 있는 시대에 살고 있는 것이다.

4. 최근 축(軸)의 시대란 말이 회자되는데 종교의 본질과 관련지어 이야기 한다면

이 말은 스위스 바젤의 철학자 칼 야스퍼스가 자신의 역사철학에서 밝힌 것으로 기독교의 배타적 계시 신앙에 맞설 목적으로 만든 개념으로 나중에 언급할 종교다원주의와도 관계되는 핵심 단어이다. 여성 종교학자 카렌 암스트롱이 이 개념을 사용하여 종교의 본질을 확장시켜 놓았다. 축의 시대란 B. C. 900(800)-200년 사이로 이 기간 동안 세계 곳곳에서 동시다발적으로 새로운 종교적 윤리가 꽃을 피웠다. 중국의 노자, 공자, 인도의 힌두교, 중동의 조로아스터교 그리고 이사야, 예레미아를 배출한 유대교 등이 그것이다. 야스퍼스는 이런 축의 종교들이 인간의 한계상황에서 태동된 점을 강조했다. 한계상황 속에서 이전과는 전혀 다른 새로운 길이 인류의 미래를 위해 제시되었다는 것이다. 카렌 암스트롱은 이를 새로운 시각에서 재再 언명한다. 저마다 고통과 혼란, 격변의 시기에 자신의 내면으로 눈을 돌렸고, 내면 성찰을 통하여 이웃의 아픔을 공감할 수 있게 되었다는 것이다. 분노를 밖으로 표출하지 않고 오히려 자신을 성찰할 수 있는 기회로 삼았다는 점을 크게 강조했다. 하여 자신이 원하지 않는 것을 남에게도 하지 말라는 황금률을 세상에 내놓았다는 것이다. 하지만 인류는 축의 시대의 시각을 온전히 성사시킨 바 없고 더군다나 총체적 지구 위기의 상황에서 축의 에토스(공감)를 필연적으로 재현시켜야 할 책임이 모든 종교에 있음을 강조하였다.

5. 그렇다면 우리 자신이 몸담고 있는 종교와 어떤 방식으로 관계하는 것이 옳을까

누구나 자신의 종교가 진리인 것을 부정하는 사람은 없을 것이다. 하지만 자기 종교에 대한 맹목적 추종은 종교의 본질을 해칠 수 있다. 필자는 여기에서 다음 세 가지 점을 순서대로 지적하고 싶다. 우선 자신의 종교에 대해서 철저한 신뢰를 바치는 일은 아무리 강조해도 지나치지 않다. 기독교인의 시각에서는 내가 성서를 읽는 것이 아니라 성서가 내 삶을 읽는다고 고백해야 옳다. 그러나 언급한 대로 신앙의 눈만 강조하면 종교(경전)가 사람에게 생명의 빵이 아니라 무거운 돌덩어리(이데올로기)가 될 수 있다. 따라서 우리는 자기 종교에 대해 의심의 눈 곧 의심의 해석학을 실행해야 한다. 짧든 길든 간에 시간의 흐름 속에서 우리 종교는 누구나 고개 숙여 마시는 산속의 샘물이 아니라 온갖 불순물이 섞인 한강물 같은 모습으로 변한 까닭이다. 자기 종교에 대한 의심의 눈이 생길 때 비로소 이웃종교의 새로움이 보인다. 필자는 이를 '자기 발견의 눈(해석학)'이라 한다. 자신 속에 없는 것을 새롭게 발견함으로써 자신의 종교를 더욱 분명하게 신뢰하게 되리라 확신한다. 자신의 종교를 끊임없이 새롭게 표현해 내야 하는 것이다. 기독교인에게는 비인격적 종교성의 언어들, 예컨대 연기설의 의미가 발견되어야 할 것이고, 불교도들에게는 신인神人간의 인격적 관계가 새삼 중요하게 인식될 수 있었으면 좋겠다. 많은 사람들이 왜 자신과는 다른 종교적 실재와 관계하며 살고 있는지를 진지하게 생각하라는 것이다.

셋째 주

종교 언어를 이해하는 방식
종교 언어는 은유(Metaphor)이다

1. 종교는 저마다 자기만의 언어를 만들어 왔는데 종교와 언어의 관계는 무엇일까

    기독교 신학에서도 불립문자不立文字를 말한 선불교의 경우처럼 '말할 수 없는 것을 말하는' 행위를 신학 함에 있어 원죄와 같은 것으로 이해한다. 언어란 실재를 지시하는 방편일 뿐 그것 자체가 실재를 말할 수 없는 까닭이다. 그럼에도 종교는 곧잘 자신이 만든 언어를 절대화하는 경향이 강하다. 기독교의 경우는 특별히 더욱 그러하다. 하지만 최근 종교 언어를 메타포Metaphor 곧 은유의 차원에서 이해하는 열려진 시각이 생겨나는 중이다. 본래 메타포는 '그렇지만 그렇지 않은(it is, but it is not)' 이라는 이중 속성을 지니고 있다. 하느님 나라는 겨자씨와 같다고 했을 때 하느님 나라와 겨자씨의 관계가 바로 '그렇지만 그렇지 않은' 관계 속에 있다는 것이다. 성서 속에서 예수께서 사용하신 언어가 이처럼 비유(Parable)인 것을 망각하고 예수 언어를 도그마로 만든 것이 지난 이천 년 기독교 역사였음을 인지한 셈이다. 이런 시각은 동양 종교 전통에서는 아주 자연스러운 것으로 여긴다. 결국 종교는 언어를 통해 표현되지만 언어로 종교의 본질을 담아내는 것은 한계가 있을 수밖에 없다. 최근 불교계에서 종교 간 평화를 위해 '아소카 선언'을 준비하던 중 연기설을 공유할 수 없는 기독교와 함께 평화를 논할 수 있는가를 두고 논쟁이 벌어진 것으로 알고 있다. 물론 내부의 정치적 역학 관계가 작용하여 그리 되었을 것이다. 연기설 역시 인간은 홀로 살 수 없는 존재로서 그것이 기독교의 은총과 결코 다르기만 한 것은 아닐 것이다.

2. 그렇다면 상호 다른 종교 언어 속에서 공통된 것을 말할 수 있다는 것인지

필자는 그렇다고 생각한다. 앞서도 이야기했듯이 종교란 존재하는 일체의 것들이 상호관계 속에 있음을 관觀하는 것인바, 저마다 그 방식이 다를 뿐 본질에 있어 크게 다르지 않다는 것이 필자의 생각이다. 예컨대 불교의 연기설, 원불교의 사은四恩사상 그리고 동학의 시천주侍天主 등은 모두 기독교가 말하는 은총의 각기 다른 표현이라 생각할 수 있다. 저마다 각기 다른 종교 언어지만 그것이 지시하는 바는 공히 인간은 누구나 홀로 살 수 없고 네가 아프니 나도 아플 수밖에 없는 존재라는 것이다. 물론 비인격적 방식으로 언표 되기도 하나 본질에 있어서는 상호 의존적 존재라는 것 하나로 귀결될 수 있다. 주지하듯 기독교와 불교는 표현 양식에 있어 극과 극의 위치에 서 있다. 하지만 원불교의 사은四恩 속에는 비인격적 연기설을 인격화시킨 흔적이 있고 동학의 시천주侍天主 역시 인격과 비인격을 아우르고 있다는 생각이다. 이 세상의 존재가 결국 관계 아닌 것이 없음을 달리 말할 뿐이다. 이 점에서 최근 기독교 신학도 하느님을 이 세상 모든 것과 관계를 맺는 분으로 이해하게 되었고, 그것이 사랑의 다른 표현임을 알게 되었다. 인간에게 인격적으로 관계하는 하나님이 동시에 지렁이나 새에게도 각기 그들의 방식으로 관계 맺는다는 사실을 단지 인간이 알지 못할 뿐이다.

3. 그런데 왜 다른 종교 언어들이 공존하는 상황에서 특정 언어와만 관계하는 종교인들이 생겨날까

중요한 질문이라 생각한다. 필자는 현상적 관점에서 종교인을 다음처럼 정의한다. 즉 종교 행위를 하는 종교인이란 저마다 종교 언어를 갖고 그 언어 속에서 의미를 느끼며 행위를 산출하는 존재라는 것이다. 실제로 우리는 각기 속한 종교 단체에서 그 종교가 가르치는 종교 언어와 더불어 구체적인 종교 생활을 하며 살아간다. 종교 언어가 없다면 종교 생활이 난감해질 것이다. 죽음의 문제를 거론할 때도 불교는 윤회전생輪廻轉生을 말하고 유교는 초혼招魂과 복백伏白을 말하며 기독교는 부활復活과 영생永生을 강조한다. 저마다 다른 언어로 죽음 이후 세계를 말하고 있는 것이다. 기독교인에게는 불교나 유교의 언어가 낯설다. 그러나 자신에게 낯설다고 하여 그것이 틀렸다고 볼 수 있는 근거는 없다. 동시대를 사는 우리 중에 여전히 자신과 다른 종교 언어에 매력을 느끼며 그것으로 죽음의 문제와 맞닥트리려는 이웃종교인들이 존재하는 한 말이다. 우리는 단지 그들 종교 언어의 게임 룰(교리)을 몰라 흥미가 없을 뿐이지 그것 자체가 오류가 아닌 것은 분명하다. 이는 마치 농구, 야구 그리고 축구 경기와도 비교할 수 있을 것이다. 축구를 좋아하는 사람이라도 야구를 재미없다고 말할 수는 없다. 축구 게임 룰에 익숙하기에 축구가 재미있을 터이고, 야구에 대해서는 그만큼 알지 못하기에 흥미를 갖지 못할 뿐인 것이다. 일찍이 비트겐슈타인이란 철학자가 말했다. 언어의 한계는 세계관의 한계라고 말이다. 세계관이 다르면 의당 종교적 표상도 달라질 수밖에 없다. 이 경우 차이는 너무도 당연한 일이다. 마찬가지로 동·서양의 사람들이 상이한 종교 언어에 관심하는 것도 아주 지당하다. 실제로 기독교가 부활을 교리적으로 강조하고 있기는 하나 한국인으로서 기독교인 된 사람들 중에는 오히려 환생 개념을 익숙하게 수용하는 사람도 적지 않다. 하지만 상대방의 종교 언어에 귀 기울이는 일이 향후 더욱 필요하다. '하나만 알면 아무것도 모른다(One who knows one, knows none)'는 말이 오늘날 종교 연구의 기본 공리가 되고 있는 까닭이다.

4. 그렇다면 오늘날에도 새로운 종교 언어가 끊임없이 생성될 수 있는 것인지

필자 입장에서는 그러해야 된다고 생각한다. 먼저 기독교적 시각을 이야기해 보기로 한다. 필자는 하느님 계시가 성서 66권 안에 완전히 닫힌 채로 구현되어 있다는 사실에 동의하지 않는다. 성서가 66권으로 선별되는 과정에서 정치적 입김이 작용했고 여성적 시각이 배제된 것은 역사적 사실이다. 당시 과학과의 갈등 속에서 새로운 우주 이론을 배척

하기도 했다. 종교 언어가 창시자들의 창조적 생각을 담고 있다 하더라도 그에 내재된 시대적 한계를 인정해야만 한다. 종교개혁이 아무리 훌륭한 이론을 갖추었다 하더라도 그 역시 다시 개혁되어야 할 부분을 잉태하고 있다는 말이다. 오늘날 빅뱅이론과 같은 새로운 우주발생론이 회자되는 상황에서 모든 종교는 좀 더 적합한 종교 언어를 창발해야 한다. 과거의 언어로 모든 것을 수렴하려 한다면 새 시대 지성인들의 저항이 만만치 않을 것이다. 우리 시대에 필요한 희망(구원)을 새로운 종교 언어 속에 담아내는 작업을 적실하게 하는 것이 신학자라 불리는 종교 전문가들의 할 일이라 생각한다. 하느님 계시가 지금도 알게 모르게 세상 속에서 생기하는 까닭이다. 그렇기에 모든 종교는 더욱더 사실 적합해져야 할 필요가 있다.

5. 무엇보다 과학과 종교 간 대화가 종교 언어의 창발을 위해 급선무란 생각인 것인지

필자는 평소 종교 간 대화의 중요성 못지않게 종교와 과학 사이의 대화가 중요하다고 생각해 왔다. 지금껏 양자 간에는 반목 내지 대립 혹은 무관심의 차원에서 각기 고유한 영역을 주장했다. 이는 과학이 지배하는 근대를 거치면서 기독교가 생존하던 방식이기도 했다. 하지만 통섭通攝이란 말이 회자되듯 종교와 과학 간의 새로운 관계 정립이 모든 종교 안에서 필요하게 되었다. 윌슨E. Wilson이란 진화생물학자는 유물론적 시각에서 종교마저 통섭시키려는 시도를 보이고 있는데, 이에 대한 적절한 종교적 평가들이 나와야 할 것이다. 물론 기독교보다 불교나 원불교 같은 동양 종교들의 경우는 이 점이 훨씬 용이할 수도 있을 것이다. 종교와 과학이 같을 수는 없다. 하지만 과학에 의해 발견된 새로운 지혜에 종교가 공명하며 자신을 어떻게 재구성, 재표현할 수 있는지를 부단히 연구해야 한다. 또한 서구의 심리학과 동양의 영성을 연결시킨 켄 윌버Ken Wilber 등의 사상가를 주목해야 할 것이다. 한국에 그에 관한 여러 좋은 책들이 소개되어 있고, 필자 역시 『켄 윌버와 신학』이란 책을 펴낸 바 있다.

넷째 주

종교의 미래를 생각한다
: 과연 종교의 미래는 있을까

1. 왜 21세기에 이른 한국 사회는 종교의 미래를 염려하는가

주지하듯 한국 사회는 기독교를 위시한 제 종교에 대해 크게 염려하고 있다. 종교가 사회를 걱정하는 것이 아니라 그 반대의 경우가 된 것이다. 종교가 성직자 중심 체제로 바뀌면서 종교의 본래성이 쇠퇴한 탓이다. 세상을 비판하고 정화할 능력이 종교 속에 보이질 않는다. 그만큼 종교가 세속에 물든 것이다. 정치나 경제계의 비리에 국민적 관심이 모아지는 때에 종교조차 그 대열에 합류한 것은 처참한 일이다. 이것은 어느 한 종교만의 일이 아니다. 종파를 막론하고 기독교계의 수장 선거에 이미 이런 전례가 많다. 한기총 회장 선거가 금권 선거였다는 폭로가 나오지 않았던가? 이 점에서 기독교 예언자였던 함석헌은 종교가 성직자 중심 체제가 되는 것을 경계한 바 있다. 하여 지금은 거짓 종교인과 참 종교인을 구분하는 시대가 되었다. 종교가 희망이 아니라 참 종교가 희망이란 것이다. 몇 년 전 TV를 통해 소개된 이태석 신부의 삶은 우리에게 희망이었고 참 종교의 모습이었다. 어찌 종교가 창시자의 정신세계로 다시 온전히 돌아 갈 수 있겠는가 하는 것이 모든 종교의 관심사가 된 것이다. 거듭 말하지만 이기적인 종교에 대한 이데올로기적 비판이 거세어야 할 시점이다. 종교가 사람에게 떡이 아니라 돌이 되고 있기 때문이다.

2. 그래도 여전히 종교가 희망인 이유, 종교인으로 살아야 할 이유가 참으로 있는 것인가

몇 년 전 영국 BBC는 한국이 OECD 국가 중에서 욕망 지수가 가장 높다고 손꼽았다. 욕망 지수가 높으니 자연스레 자살률도 높아진다. 세계에서 유례없는 다종교 사회이고, 통계상의 종교 인구가 나라 인구 전체를 합친 것보다 많은 정황에서 욕망 지수가 높다는 것은 종교무용론을 부추길 수 있는 요인이 된다. 이 점은 한국의 종교들이 부끄러워 할 일이다. 모두가 물질적 욕망을 향해 질주할 때, 그래도 종교는 그것을 억제하고 속도보다는 방향이 중요함을 일깨우는 가르침이 있어야 하지 않겠는가? 주지하듯 오늘의 세계는 기후 붕괴로 사실적 종말을 향해 치닫고 있다. 환경학자들은 단순성(Simplicity)을 21세기를 사는 인류가 지향해야 할 가치로 평가한다. 필자 생각에 이런 단순성은 종교적 힘이 없다면 가능치 않다. 종교는 모든 것을 아낌없이 주었던 자연 자체를 지켜내는 마지막 보루이다. 지금 우리가 사는 세계에서는 자연이 새로운 가난한 자(New Poor)가 되어 버렸다. 자연으로부터 받은 은총을 자연에게 되돌려 줌으로써 다음 세기도 여전히 건강한 지구가 되도록 하는 힘을 종교가 줄 수 있다. 종교마저 타락하고 물질적 힘에 종속된다면 세상은 정말 희망이 없을 것이다.

종교사회학자들은 복지가 구현된 서방세계에서 종교인의 숫자가 현저하게 줄었다고 분석한다. 물질적 충족이 종교성을 잊게 했다는 결론이다. 그럴수록 우리는 최소한의 물질로 살 수 있는 힘을 길러야 할 것이다. 그것은 어렵지만 종교인이 마땅히 취해야 할 바이다.

3. 미래의 종교는 공감하는 힘과 무관할 수 없다 - 공감의 시대에 공감의 종교는

우리는 오늘의 인류가 속한 종교들이 저마다 지역은 달라도 난세에 태동되었음을 알고 있다. 억압적 상황에서 자신의 분노를 외적으로 표출하지 않고 내면을 재발견하는 계기로 삼았다. 인류의 큰 종교들의 공통점은 자신이 하기 싫은 것을 남에게 하지 않는 황금률이다. 근대에는 인간 이성을 보편적 본질로 삼고 인류가 모두 진보할 수 있다는 꿈을 심어 주었으나 실패했다. 이성의 시대에 황금률을 지녔던 종교 자체가 사라져 버린 것이다. 그러나 지금 우리 시대는 난세가 되었다. 앞서 본대로 지구 붕괴 시대에 접어들었고, 1%대 99%의 갈등이 세계 도처에서 발생하고 있다. 지금이야말로 새롭게 공감할 수 있는 힘이 필요하다. 공감이란 인간은 누구나 깨어질 수밖에 없는 나약한 존재라는 사실에 기초하여 상대방의 약함을 인정하고 이해하는 능력이다. 인간 세포 속에는 공감의 뉴런이 있다는 과학자의 말도 있다. 오늘의 종교는 관계성에 기초하여 공감의 능력을 확장하는 것이라 해도 과언이 아닐 듯하다.

4. 과거와 미래 사이에서 공공성(公共性)을 위해 종교가 할 일은 '용서'와 '약속'이다

저마다 표현은 다르지만 모든 종교가 은총의 감각을 근간으로 한다는 것을 앞서 강조했다. 인간은 홀로 사는 존재가 아니라는 뜻에서다. 이는 인간은 공공성의 존재이며 종교 역시 공공성을 위해 존재해야 함을 역설한다. 모두가 사적 영역으로 숨어 버리는 자본주의 사회에서 종교가 공공성을 강조하는 것은 종교가 존재해야 할 또 다른 이유다. 이 점에서 종교가 과거와 미래 사이를 조망하며 현재를 옳게 가늠하도록 도와야 한다고 믿는다. 그것의 구체적 표현이 공공성을 향한 노력일 것이다. 독일의 사상가 한나 아렌트H. Arendt는 '공공성은 용서(과거)와 약속(미래) 사이에서 생기生起한다'고 말했다. 인간의 과거사는 용서받을 것 투성이다. 후회 없는 삶이란 존재치 않는다. 물론 과거 속에는 권위가 있다. 그러나 그것을 권력으로 만들어 권위주의를 표방한다면, 그것은 종교를 떡이 아니라 돌이 되게 하는 행위이다. 지난 세월을 향한 끊임없는 치유와 용서가 공공성의 사회를 유지하기 위한 필수 조건이다. 그와 함께 종교는 공공성을 위해 약속을 말해야 한다. 자신이 말하지 않더라도 사회 내 존재들에게 약속을 권해야 하는 것이다. 약속은 미래를 만들어 내는 창조적 일인 까닭이다. 종교의 미래는 공공성을 위해 약속을 성사시키는 데 있다. 인간은 언제든 과거와 미래 사이에 있고 그렇기에 용서와 약속은 오늘을 지켜내는 필수적 가치인바 종교가 중심에 있어야 가능한 일이다. 한국의 종교들에게 이 같은 역할을 기대하며 성서 속 간음하다 들킨 여인의 이야기를 예로 들고 싶다. 성서 속 예수는 "누구든지 죄 없는 자가 먼저 돌로 치라"고 말씀하시면서 여인의 죄를 용서하셨다. 그러나 동시에 여인에게 다시는 죄를 짓지 말라는 약속을 원하셨다.

5. 종교의 미래는 '불가능한 것을 향한 열정'에 있다 - 미래적 시각에서 종교의 본질 재규정

최근 종교학자들은 종교를 '불가능한 것을 향한 열정'에서 찾고 있다. 불가능한 것은 공공성의 다른 이름이기도 하다. 이는 카푸토^{Caputo}와 같은 종교학자들의 견해인바 종교가 제도나 교리의 틀에서 안주하는 것에 대한 강한 도전이다. 세상 안에서 세상 밖을 사는 길을 구체적으로 보여야 한다는 것이다. 종교가 지나칠 정도로 세상 안의 삶의 방식을 따르고 있다는 것을 지적하고 있다. 일찍이 어거스틴은 "하느님을 사랑하는 너는 진정 무엇을 사랑하는가?"라고 물었다. 그에 따르면 신神을 사랑한다는 것은 세상 안에서 불가능해 보이는 것을 사랑하는 행위와 결코 다르지 않다. 평소 자신이 할 수 없다고 여기던 것을 하려고 마음먹는다면 - 예컨대 불우한 이웃을 위해 좀처럼 마음 쓰지 못하던 사람이 단돈 얼마라도 희사하려는 것과 같이 - 우리는 그 행위를 도덕 이상의 차원에서 생각할 수 있다. 우리의 꿈이 너무 작고 사소해졌기에 종교 역시 사사私事화 되고 기복적이며 개인주의화 되고 말았다. 이제는 사회와 인류 미래를 위해 우리가 갖춰야 할 것이 무엇인지를 종교가 말해야 한다.

둘째 마당

한국 기독교 역사를 개괄하다

첫째 주

선교 120년을 지난 지금의 한국 교회를 먼저 반성하다

1. 기독교 그때와 지금 어찌 달라졌는가

　　서세동점西勢東漸의 시기였던 19세기 말, 서구 기독교가 처음 조선 땅에 발을 디뎠다. 감리교 선교사 아펜젤러 부부와 장로교 선교사 언더우드가 인천항에 입국한 것이다. 한국의 전통 종교인 유교와 불교가 민중의식을 잃고 제 역할을 하지 못할 무렵, 선교사들은 성서의 가르침에 입각하여 배우지 못한 부인들, 농민들, 심지어 비렁뱅이들마저 하느님의 자녀라고 가르치며 그들을 사랑으로 받아들였다. 오늘처럼 구원을 강조하는 교리를 앞세운 것이 아니라 사람대접 받아 본 적이 없는 거리의 사람들에게 하느님 자녀로서 평등과 주체의식을 심어 준 것이다. 교파에 따라 다소 차이가 있으나 선교사들이 학교와 병원을 세우고 자선단체를 수없이 만든 것도 이런 정신의 일환이었다. 이 같은 기독교의 정신 세계에 자극받은 조선의 불교와 유교 역시 스스로 갱신코자 노력했고, 동학은 시천주侍天主 사상을 설파하며 한국적 주체성을 강조하기에 이르렀다. 하지만 오늘의 기독교는 '개독교'라 불릴 만큼 스스로 자정능력을 잃었고 민중을 잃어 버렸으며 교리를 앞세워 교회 중심적 울타리 안에 안주하고 있다. 기독교 절대주의로 말미암아 문화민족주의의 자긍심을 잃어버린 것도 큰 잘못 중 하나이다.

2. 해외로 선교사를 파송하는 기독교 전통은 본래 어디서부터 유래되었는가

기독교는 성립 초기부터 박해를 받은 종교였다. 지하무덤을 일컫는 카타콤catacomb 속에서 오랜 기간 자신의 믿음을 지켰고 동족 유대인으로부터도 질시 당하며 자신을 정화하고자 힘쓰던 종교였다. 하느님 나라를 이 땅에 이루기 위해 먼저 자신의 마음속에서 하느님을 찾고자 하는 종교였다. 그러나 기독교가 A. D. 313년 로마의 국교가 되면서 제국의 종교가 되었고 정치와 종교가 하나 된 상태로 자신의 확장을 꾀하기 시작하면서 오히려 다른 신앙인을 억압했다. 따라서 기독교가 로마를 기독교화 했다고 보기보다는 로마가 기독교를 로마화 했다는 말이 회자 될 정도이다. 1517년 종교개혁이 일어나기 전까지 유럽은 한마디로 제국적 종교가 지배하는 세상으로 성직자 중심의 체제가 확고했다. 루터가 종교개혁을 일으켜 수도원 중심의 체제로부터 일탈하자 가톨릭교회는 유럽에서 잃어버린 친구를 이국에서 찾고자 예수회를 조직하여 해외 선교에 큰 관심을 갖기 시작했다. 그러나 이것은 당시 시작된 서구

팽창의 역사와 맞물리며 아시아와 아프리카 정복 역사가 되고 말았다. 마태오 리치가 마카오를 거쳐 중국에 와서『천주실의』를 쓰고 선교했던 것도 이런 맥락에서 가능했다. 하지만 서구는 근대를 거치면서 개신교가 확장됐고, 개신교 역시 19세기 제국주의에 편승하고 만다. 프랑스와 독일을 중심으로 아프리카 정복 역사가 시작되고 급기야 후발주자인 미국에서도 군대와 함께 선교사를 파송하기에 이른다. 오늘날 한국에 너무도 다양한 교파가 생겨난 것은 이들 미국 선교사들이 하나의 기독교를 선교한 것이 아니라 자신들 교파를 소개한 탓이다. 물론 선교사들 중에는 자신들 목숨 바쳐 한국인을 사랑했던 이들도 더러 있다.

3. 구한말 당시 어떤 이들이 선교사가 되었고 그들이 한 일은 무엇인가

신흥제국 미국은 자신의 땅을 하느님이 축복하여 내려준 것으로 믿었고, 후발주자로서 열강의 지배 구조 속에 자신의 발을 들여놓게 된다. 이런 큰 틀 속에서 기독교는 이와 직접적인 관계는 없으나 무관할 수 없는 위치에 놓인다. 한국에 들어온 미국 선교사들은 일본이 정치적으로 한국을 정복한 것에 눈감는 대신 이들 조선인 영혼을 구원하는 종교적 선교의 자유를 보장받았기 때문이다. 당시 아시아의 먼 나라 한국에까지 선교사로 올 정도의 신앙적 열정을 지닌 사람들의 숫자가 적지 않았다. 하지만 이들은 대부분 보수주의적 신학을 배웠고 인간 개인의 영적 구원이라는 종교적 신념에 얽매인 존재들이었다. 하여 이 땅에 들어온 대다수 선교사들은 한국의 종교들을 부정했고 종교인이 정치에 개입하는 것을 원치 않았다. 어떤 면에서 최초의 선교사 아펜젤러와 언더우

드는 이런 부류에 들지 않은 소수의 경우인지라 이들에 대한 평가는 달라야 한다고 생각한다.

4. 당시 선교사들에 대한 한국인의 태도는 어떠했는가

물론 서세동점西勢東漸의 시기인 까닭에 대다수 한국인은 자신의 과거를 부정하고 서구의 것을 받아들이는데 여념이 없었다. 물론 유학자가 중심된 위정척사衛正斥邪파와 같이 조선의 것을 지키자는 입장도 있었으나 서구 것을 무조건적으로 수용하려는 사람이 압도적으로 많았고 간혹 동도서기東道西器와 같은 절충안도 고개를 내밀었다. 기독교를 받아들이는 것과 서양 문명을 수용하는 것이 등가적으로 이해되는 상황에서 많은 사람이 민족의 과거(전통)와 단절을 선택한 것은 참으로 불행한 일이다. 물론 3.1 독립선언을 발표하던 시기 기독교인들이 이웃종교인들과 힘을 합쳐 민족 독립을 추구한 역사가 있었으나 이 운동이 실패한 이후 기독교는 완전히 민족의식과는 결별한 채 하늘(천국) 지향적인 종교로 탈바꿈 되고 말았다. 한국인들이 기독교에 대해 이처럼 좋은 호감을 갖게 된 것은 기독교의 배경이 미국이었다는 사실과 무관치 않다. 만약 기독교가 한국을 직접 통치한 일본을 통해 들어왔다면 그리 많이 선교되지 못했을 것이다. 미국에 대한 기대가 기독교 선교를 촉진시켰다는 판단은 틀리지 않을 것이다.

5. 한국 민족의 역사를 선교사관의 시각에서 보는 것에 대한 문제점은

　일반적으로 기독교는 예수 그리스도 생 이전과 이후를 역사의 분기점으로 삼는다. 예수 이전을 암흑의 시기로 보고, 예수 이후부터 빛의 시대가 도래했다고 평가하는 것이다. 이 점에서 선교사 중심의 선교사관은 의당 한국 오천 년의 역사를 긍정적으로 바라보지 않는다. 당연히 기독교 선교 이래로 한국 사회는 달라진 것이 너무도 많다. 그러나 공功과 과過의 양면이 있을 뿐 한국 역사를 빛과 어둠으로 양분할 수는 없는 일이다. 현재 한국에는 선교사관 외에 민족과 외세를 아我와 비아非我로 나누는 민족사관, 지배자 중심의 역사관을 배격하는 민중사관 등 여러 가지가 있으나 모두 절대적으로 옳다고 볼 수는 없다. 불교와 유교를 비롯한 한국 종교를 포함하는 새로운 역사관이 필요한 시점이다. 기독교가 이 땅에 들어온 이유에 대한 새로운 관점이 준비되어야 할 것이다. 이 점에서 함석헌의 역사관이 담긴 『뜻으로 본 한국 역사』가 대단히 중요하다. 지금 한국은 미국 이상으로 선교사를 많이 배출하는 나라가 되었다. 그러나 과거처럼 이런 선교사관을 갖고 이국땅에 가서 선교하는 일은 수많은 갈등을 야기할 것이다. 자국의 문화와 역사를 존중하는 방식으로, 탈제국주의 시각으로, 그리고 진정성을 갖고 봉사하는 마음으로 선교해야 옳은 일이다.

둘째 주

함석헌의 『뜻으로 본 한국 역사』에 나타난 기독교 선교의 의미

1. 『뜻으로 본 한국 역사』는 어떤 맥락에서 쓴 책인가

종교개혁가 루터를 추종했던 일본 우찌무라 간조 문하에서 무교회주의 사상을 배운 함석헌은 귀국 후 무교회주의를 한국적으로 더욱 발전시켜 나간다. 무교회주의란 성직 제도를 인정치 않고 교회 건물 없이 평신도끼리 원어로 성서를 읽고 느낌을 나누는 일본에서 생겨난 기독교의 한 형식으로 젊은 함석헌에게 큰 영향을 미쳤다. 동문수학했던 김교신과 함께 「성서조선」이란 잡지를 만들면서 조선 땅을 자신들이 꿈꾸는 기독교 문화로 만들 것을 기대했었다. 그러나 무교회주의는 루터의 종교개혁 원리인 '오직 믿음으로만'에 근거한 것으로 믿음 이외에는 모든 것을 상대화하고 부정하는 논리를 신봉하고 있었다. 이 점에서 유불선을 통달한 다석多夕 유영모에게서 배운 바 있었고, 3.1 독립선언을 통해 모든 종교가 함께 벗했던 경험을 갖게 된 함석헌은 서서히 무교회주의에서 벗어나 종교 일체를 아우르는 사상가로 거듭난다. 귀국 후 자신이 다녔던 오산학교 역사 선생이 된 함석헌은 김교신이 펴내는 「성서조선」에 한국 역사를 가르칠 목적으로 글을 연재했다. 그것이 후일 여러 차례 수정 끝에 책으로 펴낸 것이 『뜻으로 본 한국 역사』이다. 처음 연재하던 당시는 우찌무라의 영향력 아래 있었기 때문에 『성서로 본 조선 역사』라는 제목을 달았다.

2. 『뜻으로 본 한국 역사』에는 어떤 역사관이 담겨 있는가

함석헌이 활동하던 시기 일본은 식민사관을 통해 한국 민족의 열등감을 맘껏 조장하고 있었다. 한국 민족을 한恨의 족속이라 비하하며 스스로 설 수 없는 열등 국가인 것을 강조하였다. 대한민국이 망한 것도 고종과 민비 즉 시아버지와 며느리의 반목으로 그리 된 것이라 하며 민비를 시해하기도 했다. 이에 분개해 일어난 의병을 도륙했고 지금도 일제하에 부역했던 사람들이 정권 요직에 있는 까닭에 의병 역사가 제대로 밝혀지고 있지 않다. 이런 일본의 왜곡에 분개하며 민족의 우수성을 강조하는 저항적 민족사관이 활개를 쳤던 것도 사실이다. 민족의 우수성이 과대 포장되거나 외세를 악으로 매도하는 입장이 생겨난 것이다. 그러나 민족과 외세의 관계를 아我와 비아非我의 갈등으로 보고 비아非我를 제거하자는 역사관은 당시로서는 이해할 여지가 있으나 지금은 수용키 어렵다. 물론 저항적 민족주의가 무용지물이라 말할 수는 없지만 말이다. 이런 양극단의 상황에서 기독교를 수용한 함석헌은 모두가 옳지 않게 여겨졌다. 성서를 읽으며 함석헌은 이스라엘 민족의 고난사를 생각해 냈다. 고통 받았던 이스라엘 민족이지만 그들은 고난에도 뜻이 있다고 믿은 것이다. 후일 이스라엘 고난이 예수라는 평화의 왕을 탄생시킨 것으로 성서가 증언하듯 함석헌도 우리 민족이 일본에게 당한 고난 역시 세계 평화를 위해 그 뜻이 드러날 것이라 믿고 고난을 피하지 말고 당당하게 맞설 것을 주장했다. 우리 민족이 고난을 받은 것은 우리가 못나서 그리 된 것이 아니라 하느님 뜻을 실현시키려는 목적 때문이라 하였다. 이로써 고난을 미화했다는 비판도 받으나 당시 민중들에게 관(지배계급)에도 당당할 수 있는 이유를 제공하였다. 뜻을 품은 민중, 생각하는 백성이 될 것을 강조한 것이다.

3. 식민사관과 민족사관을 대신한 기독교 중심의 고난사관의 요체는 무엇인가

함석헌은 본래 우리 민족은 선하고 아름다우며 이상을 지닌 족속이라 보았다. 그러나 한사군漢四郡의 지배하에 있던 500년 기간 동안 꿈도 이상도 모두 좌절되었다고 생각했다. 우리 민족이 한사군이 차지했던 광활한 요동 땅의 주인이 되었더라면 역사가 달라져 있을 것이란 그의 믿음도 확고하다. 실상 우리 민족은 대대로 광활한 요동 땅을 얻고자 온갖 노력을 다하였다. 고구려를 잇고자 고려가 생겼으나 백여 년간 원나라의 신하가 되었고, 잡혀 있던 공민왕이 즉위하여 마침내 요동 땅을 정복할 기회가 오나 이성계의 위화도회군으로 수포로 돌아간 것을 함석헌은 안타깝게 생각한다. 이성계에게 무릎 꿇은 최영의 좌절을 현실주의에 의한 이상주의의 굴복이라 보았다. 이렇듯 현실주의자들에 의해 세워진 조선을 하느님은 그대로 두지 않았다고 풀이한다. 혈육 사이에 피를 부르는 싸움이 일어났고 의로운 자들인 사육신死六臣을 죽음으로 몰아갈 정도로 악한 국가가 되었다고 서술하였다. 이에 하느님은 조선을 외세의 손에 부치셨던바 그것이 임진왜란과 병자호란이다. 그러나 하느님은 이 민족을 완전히 버리지 않고 이순신과 임경업을 내어 민족을 구하신다. 하지만 본래 이들은 이 민족을 위해 죽으러 온 자들이었다. 설령 이순신이 노량대첩에서 살았다 하더라도 당시 임금에게 죽을 수밖에 없는 운명이었다. 이런 이순신의 죽음 덕에 살아난 이 민족에게 하느님은 다시 기회를 주셨다. 영·정조 시대의 전성기가 그것이며 그때 이 땅에 가톨릭 이후 개신교가 들어온 것이다. 가톨릭은 이 땅에 잃어버린 뜻을 되찾는 사명을 행사해야 되었건만 제례祭禮 문제로 사소한 것에 목숨을 걸고 말았으며 개신교 역시 지나칠 만큼 성직자 중심의 종교로 변질 되었다. 이에 하느님은 일본에 나라의 주권을 내줄 만큼 우리 민족으로부터 눈을 돌리셨다. 더할 나위 없는 혹독한 고통을 주신 것이다. 그러나 하느님은 도적같이 민족에게 해방을 주셨다. 다시 한 번 뜻을 찾아 스스로 '서'(독립) 보라는 기대와 함께 말이다. 그러나 우리 민족은 해방 이후에도 좌우 이념 대립으로 갈라져 싸울 뿐 잃어버린 뜻을 찾고자 하지 않았다. 하느님의 진노는 극에 달해 남북 분단의 전쟁을 야기하기에 이른다. 외세가 아닌 동족의 피를 부르는 싸움이었다. 이제 우리 민족은 민족 통일의 과제 앞에 서 있다. 이 과제를 해결치 못한다면 우리 민족의 장래는 없는 것이다. '역사는 처음이 있어 마지막이 있지 않고 마지막이 있어 처음이 있다'는 것이 그의 역사관의 골자이다.

4. 그렇다면 이 땅에 들어온 기독교의 사명, 존재 이유를 함석헌은 어찌 보는 것인가

본래 기독교 뿐 아니라 이 땅에 들어온 종교들은 모두 민족으로 하여금 뜻을 찾게 하는데 그 본래적 사명이 있다. 하지만 어느 종교도 민족과 민중의 꿈과 이상을 온전히 실현시키지 못했다. 기독교 역시 예외가 아니었다. 우리 민족의 역사를 고난사관의 틀에서 보는 관계로 민족의 사명과 과제를 분명하게 인식시키는 것이 종교들의 역할이건만 어느덧 기득권층의 종교로 전락해 버린 것이다. 종교가 종교 유지 자체를 목적하고 있고 내세가 그들 최고의 목표가 되어 버렸다. 이에 기독교는 이 땅의 앞선 종교들과 교세 문제를 놓고 대적하는 관계에 있지 않고, 그들과 손잡고 이 땅의 민족이 그토록 고난받은 이유를 자각해 세계평화를 위한 도구로 거듭나게 할 책임이 있다는 것이다. 함석헌은 한국 민족의 고난사를 직시하며 이를 세계사의 오물들을 나르는 하수구로서의 삶이었다고 표현한다. 온갖 놈들의 정액이 모여진 창녀의 자궁이란 표현도 있다. 우리 민족의 고난을 통해 기꺼이 세계의 악과 폭력이 사라질 수 있다는 믿음, 그 믿음을 실현시키는 것이 종교의 과제이다. 이에 기독교와 이웃종교들 간에 갈등과 대립은 있을 수 없다. 이 땅의 어느 종교도 이런 뜻을 위해 부름 받지 못한 종교가 없다는 것이 함석헌과 그의 스승 다석 유영모의 가르침이다.

5. 그렇다면 민족 통일이 기독교 선교의 궁극적 과제란 말로 이해할 수 있는가

적어도 함석헌에게 있어 분명하다. 하느님께서 우리 민족에게 주신 마지막 시험이라 생각하고 이 일을 위해 이 땅의 종교들이 함께 힘을 모아야 한다는 것이다. 이것이 성사될 때 민족의 처음과 마지막이 함께 의미 있게 될 것이다. 비폭력 평화통일이 함석헌의 생각이고 민족사의 과제이며 이 땅에 기독교가 존재하는 이유라 하겠다.

셋째 주

시기별로 본 기독교 선교의 주제들
개화, 독립, 민주화, 통일, 생명평화

1. 선교의 주제가 '개화'에 있던 초창기의 기독교

개신교가 한국 땅에 발을 들여놓은 지 125년을 지나 130년을 향하고 있다. 해서 당시 선교사들이 시작한 몇몇 대학들, 연세대와 이화여대가 창립 125년 행사를 치렀고 초초(怊怊)의 신학교였던 감리교신학대학 역시 125주년을 막 지났다. 초기 선교사들은 구한말 서세동점(西勢東漸)의 시기, 이 땅의 민중들을 사랑하며 먹을 것을 주고 배움의 기회를 갖게 하고 서구적 가치관을 갖고 평등하게 살 수 있는 기회를 주려고 했다. 사람대접 받지 못했던 민중들을 하느님 자녀로 인정한 것은 의식을 전환시킨 대단한 사건이었다. 이런 차원에서 당시의 기독교는 선교사를 중심하여 이 땅의 개화를 최고 가치이자 선교적 사명으로 생각했다. 학교를 세

둘째 마당 | 한국 기독교 역사를 개관하다 47

우고 병원을 지었으며 성서를 한글로 번역하고 사람들을 모아 가르치는 일에 힘을 쓴 것이다. 사실 선교 초기에는 교회 건립보다 이런 일들에 힘을 기울였다. 이런 와중에서 병폐도 적지 않았다. 지금껏 조선 사회를 지탱해 오던 전통적 가치들이 힘없이 무너졌고 서구 가치를 수용하고자 전통을 허물어 버리는 일이 비일비재했다. 개화가 선교의 기초적 과제였던 이 시기에 조선 땅의 과거는 사람들 머릿속에서 송두리째 지워졌고 중국을 향했던 사대주의가 미국 쪽으로 방향을 바꾸게 되었다.

2. 일제 치하에서의 선교, 선교의 주제로서 '독립'

한일 합방과 함께 일본에 의해 국민주권이 강탈된 이후 기독교인들에게 민족의식이 생겨났다. 서구 선교사들에 대한 맹종에서 벗어나 스스로 생각하는 기독교인들이 출현한 것이다. 1919년 기미 독립선언 당시 감리교와 장로교 출신 개신교 목사가 과반수 이상 참여한 것이 이를 적실하게 증명하고 있다. 소설 『대지』를 쓴 펄벅 여사의 증언에 따르면 당시 기독교인들은 민족주의자였다. 더구나 미국이 일본과 정치적 타협을 하여 정교분리의 원칙에 따라서 선교를 한 까닭에 미국에 대한 분노도 적지 않았다. 당시 미국 선교사들은 한국인 목회자들에게 충분한 교육을 시키지 않았다. 자신들보다 적게 배워야 순종적으로 협조하리라는 생각 때문이었다. 서양 선교사들은 당시 한국인 목회자들에게 두 가지를 지키도록 종용했다. 기독교인은 정치에 관여하지 말 것이며, 다른 종교인들과 함께 일할 수 없다는 것이었다. 보수적 신학 교육을 받고 이 땅을 찾은 2기의 선교사들은 일본과 미국의 관계를 눈치 보며 이렇듯 반민족, 반종교의 시각을 고착화시켜 갔다. 그러나 지각 있는 한국인 목회자들은 이에 반감을 갖고 민족의식을 고취시켜 나갔고 민족 독립이야말로 하느님이 자신들에게 맡긴 과제라 여기기 시작했다. 그러나 3.1 독립운동이 실패로 돌아가자 기독교는 천국 지향적인 내세 종교로 급격하게 전환되었다. 더 이상 현실에서는 희망이 없기에 내세로 마음을 돌린 것이다. 이런 전통이 지금껏 기독교 교회 안에 남아서 교회가 현실 문제를 상대적으로 등한시하는 누를 낳게 되었다. 당시 「동아일보」 사설에 '기독인이여 거리에 서라. 그것이 기독의 정신이 아닌가'라고 보수화되어 교회만을 아는 기독교인에 대한 비판이 실릴 정도였다. 많은 지성인과 민족주의자들이 교회를 떠나간 것도 바로 이 때이다.

3. 산업화, 군부독재 시대의 선교, '민주화'가 선교의 핵심 주제였다

주지하듯 한국은 일제 청산이 제대로 되지 않아 해방 후에도 정치가 늘 불안했다. 일본 앞잡이 노릇하던 사람들이 한국 정부의 수장으로 일하고 있으니 백성이 나라를 믿지 못했고 그럴수록 독재가 기승을 부리는 시대가 된 것이다. 더욱이 박정희 군부독재 시기, 산업화를 빌미로 민주주의를 희생양으로 삼았다. 경제 성장을 앞세워 자신의 정권을 지속시킬 목적에서였다. 물론 대다수라 말할 수는 없으나 상당한 개신교 목회자들이 민주화를 위해 거리에 다시 나서게 되었다. 박정희 장군에게 다시 군대로 돌아가라고 말한 것도 기독교인 함석헌이었고, 많은 목회자들이 이 말에 힘을 실어 주었다. 이로 인해 수많은 목회자와 신학자가 고문을 당하고 감옥에 수감되는 등 한국 기독교의 수난이 지속되었다. 그러나 이때야말로 기독교 정신이 살아 있던 전성기라 평하는 역사가도 있다. 그만큼 민주화를 절실히 요구했던 탓이다.

4. 희년의 해를 맞이하여 선교의 주제가 민족 간의 화해 '통일'이 되다

희년禧年이란 이스라엘 백성들이 40년의 광야 생활을 접고 젖과 꿀이 흐른다는 가나안 땅에 정착했으나 이후 50년이 지난 시점에서 함께 살지 못하고 12지파 간 빈부 차가 심해지고 갈등이 생기자 하느님께서 처음 상태로 되돌아갈 것을 명한 사건을 일컫는 말이다. 1995년은 민족이 일제로부터 해방된 지 50년이 되는 해였다. 하여 한국 교회는 90년대에 들어서 희년 운동을 대대적으로 벌였고 남북이 하나 되는 운동을 선교차원에서 주도했다. 민족이 하나 되는 길만이 민족의 살길이고, 그것이 하느님이 바라는 일이라는 확신 때문이었다. 문익환 목사의 방북 사건이 있었던 것도 이 시점이었을 것이라 기억된다. 종교 외적으로도 남북 화해 분위기가 조성된 것도 크게 한 몫 했을 듯싶다. 성서 교재를 통일을 염두하여 재편집했고 희년의 노래가 만들어져 불렸으며 교회 강단에서는 희년을 주제로 설교가 울려 퍼졌다. 한두 교회가 그리 한 것이 아니라 상당수의 교회 운동으로 전개된 것이다. 하지만 이북 공산치하의 경험을 했거나 정부 눈치를 보는 성장주의 목회자들의 반공적 에토스가 이런 운동의 발목을 잡은 것도 부인할 수 없는 교회적 현실이었다.

5. JPIC(정의, 평화, 창조질서의 보전) 서울 대회에 근거하여 '생명'을 선교의 주제로 삼다

1990년 서울에서는 '정의, 평화, 창조질서의 보전'이란 주제로 전 세계 기독교인들의 모임이 있었다. 희년 운동보다 이른 시기에 개최되었으나 세계 교회와의 연결선상에서 이 운동은 2000년대까지 한국 교회의 선교 화두로 자리 잡았다. 한국이 급격한 산업화 과정에서 분배 문제의 격차가 가장 크고, 남북 분단 상황 하에서 평화가 위협받고 있으며 결과적으로 환경 파괴가 가장 우려되는 지역이란 세계 교회의 인식에 충격을 받은 것이다. 이후 세계 교회는 생태 문제, 평화 문제 그리고 정의 문제를 잇달아 관심하면서 한국 교회로 하여금 이 문제들에 관심할 것을 지속적으로 촉구했다. 정의 문제를 해결하기 위해 소외 계층의 복지에 관심하게 되었고 반(反)핵과 반(反)원전 운동에 앞장섰으며 기독교환경연대의 활동이 지대해졌다. 교회의 건축 양식을 생태적으로 바꾸기 시작했고 농촌 목회자들의 주도로 도농 직거래가 이뤄졌으며 환경 주일이나 지구의 날을 교회가 지키면서 공정 무역에 대한 관심을 키웠고 자동차 안 타기 운동 등을 통해 환경 의식을 키워나갔다. 무엇보다 최소한의 물질로 사는 정신(영성) 운동이 교회 안에서 불기 시작한 것은 큰 성과였다. 그러나 아직 이런 선교적 관심은 전체 교회로까지 확장되지 못한 상태이다. 다행히 2013년 10월 부산에서 7년마다 열리는 세계교회협의회(WCC) 제10차 총회가 개최되는바 그때의 주제 역시 '생명의 하느님, 저희를 정의와 평화로 이끄소서' 이기에 정의, 평화, 생명의 주제가 다시 각인될 것으로 기대한다. 이것은 지구를 살려야 한다는 절체절명의 위기의식과 깊이 연루되어 있다. 특정 종교만으로 이 일을 이룰 수 없기에 종교 간 대화와 협력이 어느 때보다 시급하다. 종교 간 대화와 협력, 이것 역시도 향후 선교의 주제가 될 것이라 기대해 본다.

넷째 주

에큐메니칼 운동과
기독교 제 교파에 대한 이해

1. **한국 개신교 내의 다양한 교파와 에큐메니칼 운동, 이들의 실상과 향후 과제는**

기독교를 잘 모르는 사람들은 기독교 내 종파(분파)가 그리 많은 것을 기이한 일로 여긴다. 불교 안에도 종파가 있긴 하나 기독교만큼은 아니다. 성서와 전통이라는 신앙의 객관적 특성이 강조되던 중세를 지나 경험과 이성에 근거한 신앙의 주체적인 면이 강조되면서 성서 해석이 다양해졌고 강조점이 달라졌기에 생겨난 현상이다. 현재 수백 개 이상의 교파가 있을 것이라 예상된다. 이로부터 지난세기 세계교회협의회(WCC)가 발족되어 7년마다 범기독교회 모임을 열고 교회일치 운동을 벌이고 있다. 몸이 하나이나 지체가 여럿인 것처럼 수많은 교파가 있으나 그것은 모두 그리스도 예수라는 한 몸에 속한 존재라는 의식을 강화시키기 위함이다. 저마다 잘할 수 있는 역할(카리스마)은 인정하되 이들이 결코 다른 것이 아니라는 의식을 심어줄 목적에서이다. 한국 기독교 실상을 들여다보면 전체 인구의 20%를 점하는 개신교 중 장로교가 가장 크고 감리교, 성결교, 침례교, 순복음 등 수많은 교파가 있고 장로교 자체도 수십 개 군소 종파로 나뉘어 있으며 신학 노선에 따라 상호 교제하지 않는 기독교 내 집단도 부지기수이다. 이로부터 그리스도에게로 돌아가자는 환원 운동이 한국 교회 내에 자생적으로 일어난 바 있으나 현실적으로 불가능한 상태이다. 앞서도 말했듯이 2013년 말 부산에서 WCC 대회가 열린다. 전 세계 기독교인들이 몰려오는 자리에서 한국 개신교의 제 교파가 일치된 입장을 표명할 과제에 직면해 있다. 그러나 실상 WCC도 전 세계 기독교인 모임이라 하기에는 반쪽이다. 비교적 진보 성향을 펼치는 관계로 보수 신학을 표명하는 교회들이 참여하고 있지 않기 때문이다. 이들 간 차이는 크게 보아 각기 사회 구원과 개인 구원에 역점을 둔데 있다. WCC 부산 모임의 총주제가 정의를 앞세운 생명, 평화라 하니 한국 교회들이 어찌 이 주제에 응답할 것인지 기대된다.

2. 개신교의 분열상에 큰 영향을 미친 풍토(공간)적 요인이 있을 법한데

종교개혁 이후 가톨릭교회에서 분리된 개신교는 신앙의 주체성을 강조한 결과 저마다 달리 성서를 이해하는 눈을 갖게 되었고 각기 상이한 풍토(공간)에서 발전을 거듭했다. 제 교파가 성립된 과정과 배경은 이 외에 정치적 요인도 배제할 수 없다. 여기서는 개신교 내 큰 교파인 장로교와 감리교를 예로 들어 그들이 생기生起한 풍토적 요인을 토착화의 관점에서 언급해 보겠다. 일찍이 괴테는 '하나만 아는 것은 아무것도 모르는 것이다(One who knows one, knows none)'라는 말을 남겼다. 이는 같은 유럽에 속해 있으나 영국만 안다면 유럽을 모르는 것이며 대륙만 아는 것도 마찬가지란 사실을 적시한 것이다. 그만큼 같은 지역에 위치했다 하더라도 섬나라인 영국과 대륙에 위치한 프랑스나 독일은 여러 면에서 같지 않음을 보여주고 있다. 주지하듯 영국은 경험론이 득세했고 귀납법을 강조했다. 경험적으로 확인되지 않으면 어떤 것도 진리로 간주하지 않는 풍토였다. 반면 독일은 연역법이 강조되었고 따라서 경험보다는 이념이 중시되었다. 이런 각기 다른 풍토에서 발전한 개신교의 양상 역시 결코 같을 수 없었다. 장로교가 이중예정설을 발전시켰고 감리교가 만인구원설을 강조한 것도 바로 이런 맥락에서이다. 이를 일컬어 우리는 기독교 내 제 교파 역시 토착화의 산물이라 말할 수 있다. 하지만 지금 한국 교회는 교파 별반 차이가 없어질 만큼 보수적으로 균질화되는 추세이다.

3. **그렇다면 대륙에서 발생한 장로교와 대륙적 사유 풍토와의 관계를 정확히 설명해주길**

프랑스 태생인 존 칼뱅이 창시한 장로교는 예정론을 중시하는 기독교 내 장자長子이다. 제네바에서 활동한 칼뱅은 이 세상을 하느님이 다스리는 신정神政 국가로 만들기 위해 애쓴 종교개혁가였다. 그가 주창한 예정론은 구원론과 직결된다. 예컨대 어느 사람이 17세기 독일과 한국에서 동시에 태어났다고 가정할 때, 한 사람은 교회에 다녔고 성서를 읽었을 것이며 세례를 받고 신앙생활을 했을 터이다. 그러나 다른 쪽 사람은 이런 경험을 함께할 수 없다. 교회가 없으므로 그리스도조차 알 턱이 없었던 탓이다. 이런 현상을 두고 칼뱅은 인간 편에서 보면 운명이지만 하느님 편에서 보면 섭리라 하였다. 17세기 조선 땅에 어떤 사람이 살았고 어느 문화가 지배했는지에 대한 경험적 관심이 전혀 필요하지 않았던 것이다. 바로 이런 예정론과 섭리론은 A가 B이고 B가 C라면 당연히 A는 C라는 연역법적 발상과도 직결된다. 이런 류의 예정론은 이미 교회 안에서 신앙생활을 하고 있는 성도들에게는 커다란 힘이 된다. 자신들을 하느님의 택한 족속으로 믿고 자신들에게 하느님께서 축복을 주실 것이란 확신을 심어 주는 까닭이다. 반대로 교회 밖 사람들에게 배타성을 갖는 것도 이런 예정론의 특성 중 하나이다.

4. 이와 견줄 만한 개신교 내 다른 종파인 감리교는 경험론 전통과 어찌 관계하는가

감리교는 경험론이 득세한 영국에서 요한 웨슬리에 의해 성공회로부터 분리된 개신교 내 종파이다. 성공회가 기득권층의 종교였다면 감리교는 하층민의 정서, 체험 지향적 신앙 양태를 중시했다. 말하였듯 귀납법적 경험주의 전통은 일체 통념을 그냥 수용치 않고 경험에 의해서만 받아들인다. 예컨대 불타는 물질은 모두 뜨겁다는 것은 통념이다. 그럼에도 귀납법은 손으로 확인하고 난 이후에야 그것을 뜨겁다고 인정하는 방식이다. 실상 불타고 있으나 뜨겁지 않은 물질이 있는 법이다. 그만큼 경험적 진리를 주장했다. 이 점에서 감리교는 예정론에 비중을 두지 않았다. 교회 안 사람만이 아니라 교회 밖의 사람이라 할지라고 구원의 유무를 함부로 판단하지 않은 것이다. 경험론의 시각에서 교회 밖은 아직 경험되지 않은 영역인 까닭이다. 이 점에서 감리교회는 인간의 자유의지를 강조했다. 인간이 이성과 자유의지를 포기하는 것을 심지어 종교를 포기하는 것과 같다고 말할 정도였다. 여기서 감리교회는 만인구원설을 제시한다. 이 세상에는 예수 그리스도의 십자가 죽음 그 밖으로 내쳐진 사람은 아무도 없다는 것이다. 단지 그들이 이 사실을 모를 뿐이기에 그 사실을 전하는 것이 기독교의 책무이자 사명이고 그것을 받아들이는 것은 당사자의 자유의지에 달렸다고 했다. 이 점에서 감리교회는 장로교회로부터 인본주의적이라는 비판을 받았다. 하지만 웨슬리 역시 예정론을 함께할 수 없는 교리라 여겼다. 장로교가 교회를 성장시키는 일에 관심했다면, 감리교는 이 세상 전체를 구원하려는 사회복음의 차원을 발전시킬 수 있었다. 비교적 하층민들을 선교대상으로 삼은 것도 주목할 만한 일이다. 이웃종교와의 대화에도 신학적으로 장애가 적다. 하지만 교회 성장에 도움이 되지 않고 지나치게 열광적이라는 비판도 받곤 했다.

5. 개신교회는 교회일치 운동을 어떻게 해야 할까, 분파가 지속되는 것이 옳은 일인가

　　교회일치 운동이 한국 개신교의 당면 과제인 것은 틀림없다. 그러나 한 몸과 여러 지체의 관계를 성서가 말하고 있듯 강제로 '하나'가 되게 하는 것은 무리고 억지이며 바람직하지 않다. 종교 간 대화 이상으로 어려운 것이 교파 간의 일치 운동이다. 자기 식대로 발전해 오는 동안 각각의 교리에 따른 장점들이 생겨났기에 상대의 차이를 존중하면서도 장점을 잘 살릴 수 있다면 기여하는 바가 있을 것이다. 우리는 같은 방식으로 기도할 수 없으나, 같은 주제를 놓고 기도하며 일할 수 있기 때문이다. 교회일치 운동을 일컫는 '에큐메니칼'이란 말은 본래 '오이쿠메네' 즉 '세상'이란 말과 어원이 같은 것이기에 교회일치만이 아닌 세상의 모든 것과 더불어 '한 몸'이란 의식 역시 키워 나가야 할 것이다.

셋째 마당

한국 기독교 역사 속의 위대한 사상가들
: 유영모 함석헌 김교신 이용도 김재준

첫째 주

다석(多夕) 유영모(1890-1981)에 대하여

1. 어떤 기준으로 120년 역사에서 위 다섯 분을 대표적인 기독교 사상가라 칭하는가

물론 한국 기독교를 대표할 만한 사상가들이 이분들 외에도 수없이 많다. 하지만 여기서 위 다섯 분을 열거한 이유는 이분들 모두가 한국적 기독교를 수립하고자 노력했기 때문이다. 다석 유영모는 다른 네 사람보다 출생이 10여 년 빠르며 함석헌, 김교신의 직접 스승이 되기도 한다. 하지만 다석을 제외하곤 이들 네 사람이 모두 1901년 생으로 동갑내기이다. 이들이 활동한 1930년대는 일본의 문화 식민주의 정책이 심화되던 시점이었다. 그때부터 이들은 조선 혼을 기독교적 방식으로 이 땅에 심고자 노력했다. 요절한 이용도, 김교신 그리고 비교적 오랜 세월을 산 김재준, 함석헌은 저마다 방향은 조금씩 달랐으나 성서를 한국인의 마음으로 읽고 예수를 한국적 심성으로 표현하고자 했던 선각자들이었다. 이런 기준으로 본다면 이들을 따를 사람이 없다고 판단된다. 필자의 생각으로는 1930년대에 활동했던 이들의 문제의식으로 되돌아가지 않는 한 한국 기독교에 미래는 없다고 믿는다. 이런 자각을 최초로 심어 준 분이 요즘 세계 철학자로서 크게 주목받는 유영모이다.

2. 기독교 밖의 사람들에게 다석 유영모란 이름이 익숙하지 않다. 주변 인물들과의 관계 속에서 그의 사람 크기를 가늠해 달라

무엇보다 유영모는 『뜻으로 본 한국 역사』의 저자 함석헌이 유일하게 선생님이라 부른 분으로 유명하다. 그가 세인의 입에 오르내리게 된 것은 그리 오래되지 않았다. 몇 년 전 '세계 철학자 대회'에서 그는 제자 함석헌과 함께 기독교를 대표하는 위대한 세계적 사상가로 자리매김 되었다. 한국 농업을 이끈 류달영도 그의 제자이며 오산학교를 세운 연상의 남강 이승훈을 기독교로 인도할 만큼 그와 깊게 관계했고 춘원 이광수도 선생의 인격에 흠뻑 빠져 지냈던 인물이다. 최근 작고한 한국학 연구원 원장인 류승국 교수도 그를 평생 사모하며 살았고 선생의 마지막 제자로 알려진 김흥호 목사는 유고집 『다석일지』를 우리말로 풀어 다석 연구에 박차를 가할 수 있게 했다. 최근에는 가톨릭 신학자들도 연구에 가세하며 그의 사상을 펼쳐내는데 일익을 담당하고 있다. 「성서조선」이란 잡지를 엮어낸 무교회주의자 김교신과의 사제지정 - 제자의 장삿날부터 다석은 자신의 산 날수를 계산하며 지냈다 - 역시 유명하다.

3. 다석 유영모 사상을 이해하는데 배경이 되는 지식을 먼저 알려주면 좋겠는데

다석 사상에 영향을 준 사상가로 세 사람이 거론된다. 톨스토이와 간디 그리고 일본인 우찌무라 간조가 그들이다. 톨스토이는 자신이 인정하는 바이블(성서)을 산상수훈을 중심하여 따로 만들 정도로 서구 기독교의 교리 지상주의를 비판했던 사람이고, 간디는 현상적 차이에도 종교간 회통會通에 대한 감각을 일깨워 주었으며, 우찌무라는 후일 그와 결별했으나 무교회주의(반성직주의) 사조에 공감했기 때문이었다. 다석은 이런 배경을 갖고 이해한 자신의 기독교를 톨스토이가 그리했듯 비非정통주의라 하였다. 그가 일본 기독교의 대부 우찌무라와 결별한 것은 종교개혁자 루터의 대속代贖 신앙을 수용할 수 없었던 탓이다. 이는 한국적 동양적 정신세계 곧 유불선의 수행 전통을 중시한 탓이다. 다석에게 비정통주의란 결국 톨스토이를 넘어 동양적, 한국적 맥락을 지녔기에 가능했던 말이다. 그에겐 불교와 유교 그리고 기독교가 상호 회통會通적으로 이해되었기에 기독교 배타주의 근간인 대속 신앙에 대한 이해가 달랐던 것이다. 다석은 불교의 견성見性, 고행苦行, 성불成佛과 유교의 천명지위성天命之謂性, 솔성지위도率性之謂道, 수도지위교修道之謂教가 기독교의 하느님, 예수 그리고 성령의 이해와 다르지 않다고 생각했다. 기독교 역시 불교나 유교와 같이 자신 속의 절대를 깨닫고 자기를 갈고 닦아 자신 속의 절대와 하나 되는 길을 제시했다고 생각했기 때문이다. 그럼에도 그에게는 예수가 자신의 스승이었다. 그가 걸머진 십자가의 길을 따름으로써 예수가 그랬듯 하느님과 하나 되고자 했던 것이다.

4. 다석이 제시한 동양적 기독교의 본질(핵심)을 구체적으로 설명해 준다면

다석多夕이란 호가 말하듯 그에게 있어 어둠 곧 없음은 기독교를 이해함에 있어 핵심 토대이다. 기독교의 신神 역시 없음으로밖에 달리 그의 존재를 말할 수 없다는 것이다. 없이 계신 하느님, 이는 태극이무극太極而無極이며 진공즉묘유眞空卽妙有라는 동양적 정신세계와 상통하는 말이다. 이런 존재가 있는 곳이 인간의 바탈(本性)이라 했다. 인간의 바탈과 하느님은 본래 둘이 아닌 까닭이다. 이를 다석은 염재신재念在神在란 말로 증명한다. 내 속에서 형이상학적 욕구가 터져 나오는 것이 바로 하느님이 있다는 증거라는 것이다. 이것을 깨닫는 것이 돈오이고 이 깨침을 바탕으로 참 나로 솟구치는 것이 성불이자 십자가의 도道라 가르쳤다. 예수야말로 십자가에서 백사천난白死千難의 고통 속에서 하느님과 부자불이父子不二의 관계에 드신 분이란 것이다. 육체를 입은 예수 자체를 신의 아들로 고백하기보다 십자가를 통해 인과율을 끊고(시간 제단) 얼로 솟구친 예수가 그리스도이며 그런 예수를 다석은 자신의 스승이라 여긴 것이다. 한마디로 '길을 가다 길이 되라는 것'이 예수 십자가의 본질이자 기독교의 본 뜻이라 했다. 이로써 십자가는 우리와 같은 중생들도 감당해야 할 삶의 과제가 될 수밖에 없다. 누구나 속에 하느님의 씨앗(씨알)이 있기에 그것을 바탕 하여 수행(고행)함으로 하느님(그리스도)이 될 수 있는 까닭이다. 결국 기독교의 대속 사상은 유대인의 풍습이 반영된 것으로 동양적 기독교에 있어 그것을 맹목으로 따르기보다 수행 전통에 입각하는 것이 낫다고 본 것이다.

5. 다석의 동양적 기독교는 한마디로 '일좌식(一座食) 일언인(一言仁)'으로 표현된다는데 그 뜻은 무엇인가

이 말은 대속 사상을 상징하는 기독교의 십자가를 수행 전통의 시각에서 재해석한 것으로 날마다 인간이 감당할 삶의 몫으로 제시한 것이다. 다석 스스로가 예수를 스승으로 고백한 이후 평생 삶의 좌우명이기도 했다. 그러나 그의 제자들 중에는 이것을 감당키 어려워 예수의 제자들처럼 그렇게 피해 도망간 사람도 적지 않다고 한다. 일좌一座 란 언제든 무릎 꿇고 앉아 말씀을 깊이 묵상하는 기도이며, 일식一食은 하루 한 끼 먹는 것으로 자신을 일상에서 산 제물로 바치는 뜻이고, - 하여 그에게 식사는 곧 제사였다 - 일언一言은 남녀 간의 성적 관계를 끊는 얼 사람의 길이며 - 그 역시 부인과 해혼解婚하여 오누이처럼 지냈다 - 마지막 일인一仁은 언제든 걸어 다니는 것으로 자신의 몸을 지키는 삶의 자세라 하겠다. 간혹 다석이 설파하는 이런 십자가의 도가 몸을 부정하는 영지주의로 오독되는 경우도 있으나 이는 가당치 않다. 다석은 결코 몸 자체를 부정한 적이 없고 그것을 기초삼아 인간의 바탈이 궁극적으로 하늘과 하나 됨을 깨치고자 했다. 몸이 건강해야 마음이 놓이고 마음이 편안해야 자신의 본성을 실현시킬 수 있다는 것이다(몸성히-마음놓이-바탈태우). 사람이길 포기하고 욕망 덩어리로 살아 정신개벽이 요원한 이때 일좌식一座食 일언인一言仁의 십자가 도를 전하는 다석의 동양적 기독교 이해는 오늘날 생태 위기 시대에도 뜻하는 바가 너무도 많다. 특히 한글을 하늘이 민족에게 주신 천문天文이라 믿고 한글 속에서 하늘의 계시를 찾고자 하는 그의 노력은 후학들에게 많은 것을 과제로 남겨 놓았다.

둘째 주

바보새 함석헌(1901-1989)에 대하여

1. 『뜻으로 본 한국 역사』의 저자 함석헌, 그가 왜 중요한가

우리는 앞서 함석헌이란 인물과 위 저서를 언급했다. 이 땅에 유입된 기독교의 역사적 사명을 탈(脫)민족, 탈(脫)기독교적 방식으로 묻기 위함이었다. 성서가 말하는 고난사관의 시각에서 우리 민족의 수난을 세계사적 차원(평화)에서 가르쳐 준 것이다. 이제부터 말하는 네 사상가들, 함석헌을 위시하여 김교신, 이용도, 김재준은 모두 같은 해에 태어나 동일한 문제의식을 갖고 살다 서로 다르게 죽었다. 하지만 그들이 조선과 기독교를 관계시키고자 했던 방식의 독창성과 고유함은 지금에 이르기까지 귀감이 된다. 함석헌은 스스로를 '바보새'라 부를 만큼 경계인으로 살았다. 기독교 사상가이자 비폭력 인권 운동을 펼친 사회 운동가였고 20여 권의 저서를 남길 만큼 위대한 저술가이기도 했다. 5.16혁명 당시 박정희 장군에게 다시 군대로 돌아갈 것을 주문한 하늘이 내린 시대의 예언자였으며 다석 유영모만을 오로지 스승으로 받든 제자이기도 했다. 그의 전 사상은 민족과 민중 그리고 신앙, 이 세 가지 요소를 연관 지어 생각했던 결과물이다. 민족을 말하되 가난한 민중을 떠나서 생각한 적이 없었고, 이들을 신앙의 이름으로 평화의 도구로 이끌고자 했던 것이다. 실제로 함석헌은 다석이 설說한 씨알 사상을 대승적으로 확대시켜 다석의 형이상학적 신학을 사회 실천적 행위로 전개시킨 공적을 남겨 놓았다.

2. 함석헌 사상에 영향을 미친 인물로 우찌무라와 다석을 드는데, 이에 관해 구체적 설명을 덧붙인다면

1920년대 초반 일본 유학 시절, 함석헌은 자신의 스승 다석이 만났던 우찌무라 간조를 접하고 그와 스승과 제자의 연을 맺는다. 그가 유학 길에 오른 것은 사실 남강 이승훈이 세운 오산학교 역사 선생으로서 전근대적 조선의 한계를 여실히 체험하고 이를 극복할 목적에서였다. 하지만 함석헌은 1923년 동경에서 발생한 대지진 참사 현장을 목도하고, 근대인 혹은 서구적 근대라는 허상을 절감하게 되었다. 혼란을 틈 타 도적질과 강간이 난무한 현실, 조선인을 집단 학살하는 일본의 광기를 경험하며 우리보다 먼저 서구적 근대를 경험한 일본의 참담함에 당혹하여 결국 근대란 조선을 위한 대안이 될 수 없음을 확신케 된 것이다. 바로 이 무렵 그가 만난 인물이 바로 무교회주의자인 우찌무라 간조였다. 그가 가르친 기독교는 야만적 근대화 곧 일본의 모방이 아닌 대안적 비전으로 함석헌에게 수용되었다. 한때 그는 당시 지식인들 사이에 만연한 사회주의 이념에 경도될 기회도 많이 있었으나 기독교적 세계관이 갖는 대안적 근대화를 믿고 끝까지 기독교적 궤도를 벗어나지 않았다. 귀국 후 우찌무라 문하에서 함께 수학한 김교신과 함께 「성서조선」을 펴내며 교파 중심주의로 빠져들고 있는 한국 교계 현실을 비판하며 무교회주의 신앙 운동을 주창하게 되었다. 그러나 무교회주의 신앙 운동은 식민지배에 있던 조선의 근대성을 극복하기에는 역부족이었다. 무교회주의가 여전히 일본식 에토스의 산물이란 자각도 동시에 생겨났다.

이 시기에 함석헌에게는 오산학교 시절 배웠던 다석 유영모의 사상이 다시 심중에서 깨어나기 시작한다. 다석이 『대학大學』에 나오는 민民 개념을 씨알로 풀어낸 것을 기억하는 함석헌은 씨알 속에 하늘 뜻이 내포되어 있기에 씨알은 자기 생명성과 자속성(스스로 함)을 보지保持한다고 믿었다. 모든 인간은 내면에 신성을 담고 있기에 스스로 자신의 한계를 - 당시로서는 식민지 조선의 상황 - 주체적으로 해결해 갈 수 있다고 생각한 것이다. 이로부터 함석헌은 다석이 그랬듯 한국의 전통 사상과 서양 그리스도교를 매개하는 깊이 있는 사유의 맥을 파기 시작했고, 이것이 후일 그로 하여금 퀘이커파가 되게 한 원인과 무관치 않다.

3. 함석헌의 『뜻으로 본 한국 역사』에 나타난 탈(脫)민족, 탈(脫)기독교적 역사관을 설명한다면

주지하듯 함석헌은 일본 유학 후 김교신과 함께 「성서조선」에 <성서에서 본 조선사>를 연재하기 시작했다. 이는 재직하던 오산학교 제자들에게 역사 선생으로서 소임을 다할 목적에서 쓴 것이다. 하지만 더욱 근본적인 것은 식민지 조선을 극복할 수 있는 단초를 한국 역사 속에서 발견하려는 것이었다. 당시 조선 땅에는 상호 반대되는 두 종류의 역사관이 교차하고 있었다. 조선의 열등성을 고착화하려는 식민사관과 그에 대한 반대로서 조선의 우월함을 강조하는 민족주의적 역사관이 그것이다. 단적인 예로 단재 신채호의 아我와 비아非我의 투쟁으로서의 역사 이해는 대표적인 민족사관으로 꼽힌다. 하지만 함석헌은 성서 속에서 세계 평화를 위한 작은 민족의 고난사관에 주목했다. 물론 기독교는 예수라는 한 인물의 고난에 집중함으로써 구속 신앙을 전개시켰으나, 함석헌은 고난을 민족사 차원에서 의미화 함으로써 조선의 고난이 우리의 못난 탓이 아니라 장차 이루어야 할 세상의 참된 평화를 위해 감내해야 할 것이라 여겼다. 우리나라가 예나 지금이나 열강들의 각축장이 되는 현실에서 고난으로 점철된 조선의 역사에는 세계 평화를 위한 '뜻'이 담겨져 있다고 본 것이다. 바로 이 뜻을 찾을 만큼 우리 민족이 생각하는 백성 곧 씨알이 될 수 있기를 소망한 것이다. 하여 함석헌은 "역사란 처음이 있어 마지막이 있는 것이 아니라 마지막이 있어 처음이 있다"는 유명한 말을 남겨 놓기도 했다. 이런 선상에서 함석헌은 우리 민족에게 남겨진 하늘의 마지막 시험이 통일에 있다고 보았고 통일을 위한 뜻을 씨알들이 펼쳐낼 것을 주문했다. 이 경우 씨알들은 결코 기독교 신앙인만을 뜻하지 않는다. 자신 속에 하늘이 담겨져 있음을 아는 뭇 백성 모두가 씨알일 뿐이다. 이 점에서 고난사관은 기독교 중심(배타)성을 벗어나 있고 민족우월주의 관심과도 거리를 두고 있다. 하여 탈민족, 탈기독교적 역사관이란 말이 적당하다.

4. 함석헌이 후일 사회적 앙가주망(참여)을 누구보다 용기 있게 하게 된 배경이 있다면

많은 사람에게 함석헌은 사회적 투사로 알려져 있을 법도 하다. 그만큼 그는 옥고를 치렀으며 박정희 정권 시절에 민주화를 위해 누구보다 투쟁한 사람이다. 하지만 그것은 언제나 비폭력 방식이었다. 간디의 비폭력 평화주의를 한국 땅에서 실천하고픈 것이 그의 소원이기도 했다. 그가 이런 확신을 갖게 된 것은 앞서도 말했듯이 씨알 민중에 대한 확고한 신앙 때문이었다. 다석이 씨알을 종교적 형이상학적 존재로 본 것에 비해 함석헌은 스스로 하는 민중의 역동성, 대중성에 초점을 더 두었다. 그렇기에 스스로 함에 어긋나는 몸짓이 가해질 때 씨알은 언제든 일어설 수밖에 없다는 것이 그의 확신이다. 오늘날 한국적 못난 정치 현실에서 야기된 촛불 집회 같은 것도 실상 스스로 함의 발로라 아니할 수 없을 것이다.

기독교가 한국 민족에게 주어진 종교적 유산과 만나 민중의 자주성을 고양시킬 수 있다면 그것이 이 땅에 들어온 기독교의 소명이자 과제라 확신했다. 이는 식민지적 근대성을 극복하고자 했던 일본 유학 시절부터의 경험인 바 평생 시종일관된 그의 관심사가 되었다.

5. 무교회주의와 단절되는 함석헌 사상의 본질을 보여주는 시가 두 편이 있다고 하는데

1953년에 쓰여진 <대 선언>이란 것과 <흰 손>이란 시가 있는데,

이 시들을 통해 함석헌 사상은 분명한 전회를 이룬다. 너무 길어 전문을 소개하기 어려울 것 같다. 우찌무라로부터 다석에게로 그 사상적 영향력이 이전되는 과정을 보여주는 것으로 시의 출판 이전과 이후의 차이는 다음 두 가지 면에서 두드러진다. 첫째는 기독교 대속 신앙으로부터 이웃종교 일체를 긍정하는 우주적 신앙으로 이행되었다는 점이고, 둘째는 더욱 철저하게 사회적 현실에 깊게 참여하게 되었다는 점이다. 이로써 함석헌은 다석 마저 넘어섰다고 할 수 있다.『성서로 본 한국역사』가『뜻으로 본 한국역사』로 개명된 것도 이런 사상적 전환 탓이다. 이후 함석헌은「씨알의 소리」란 잡지를 편찬하며 어느 종교를 막론하고 그 속에 사는 씨알 민중들의 스스로 함의 정신을 믿으며 사회적 실천의 길을 앞서 나갔던 것이다.

셋째 주

조선 혼을 사랑했으나 요절한 천재 신학자
김교신(1901-1945)

1. 김교신이란 인물과 그가 평생에 걸쳐 펴낸 「성서조선」이란 잡지를 설명해 달라

주지하듯 김교신은 의도적으로 평신도로서 살고자 했던 분이다. 평생 호 한번 갖지 않을 정도로 평민의 삶에 즐겨 머물렀고, 일보日步라는 말을 가장 좋아할 정도로 하루 한 걸음씩 성실하게 사는 가치를 중시했다. 오랜 기간 양정교보, 경기고보 지리 선생을 역임했으며 손기정과 같은 마라톤 선수들의 정신적 지주였다. 김교신 없는 손기정은 생각할 수 없을 정도로 손기정의 애국심은 김교신의 영향 속에서만 이해될 정도이다. 함석헌 등과 같이 일본에서 우찌무라 무교회주의를 배웠으나 다른 이들처럼 무교회주의를 버리지 않았고 끝까지 고수했다. 그렇다고 해서 그가 일본식 가치에 경도되었다는 뜻은 결코 아니다. 일본의 무교회주의자들이 무교회 방식을 통해 일본을 사랑했다면 자신도 무교회라는 형식을 통해 조선을 사랑하겠다는 확신을 갖고 있었던 까닭이다. 이런 점에서 「성서조선」은 조선인의 혼을 성서가 담당할 수 있기를 바라면서 김교신이 손수 쓰고 편집하고 출판하고 배포한 대단한 출판물이다. 하지만 당시 교회는 「성서조선」을 읽는 독자들을 경원시했는데, 이미 교회주의에 물든 기독교계 성직자들이 그의 무교회주의를 싫어하고 두려워했기 때문이다. 따라서 교회로부터 등 돌림을 당한 것은 자명한 이치였다. 또한 그의 「성서조선」은 항시 일제의 검열을 받아야 했다. 몇 번의 폐간 위기를 넘긴 끝에 <조와弔蛙>라는 글이 발표되면서 결국 그렇게 운명 지워졌다. <조와弔蛙>는 엄동설한으로 연못 속의 개구리가 모두 얼어 죽은 듯 보였으나 몇몇이 살아 움직이는 모습을 보고 안심하며 죽은 개구리를 애도하는 글이었는데 일제의 눈에 이것이 조선 독립을 부추기는 불온한 글로 보였던 탓이다. 함석헌이 스승 다석 유영모를 존경했던 사람이라면 김교신은 서로 신앙 양식이 달랐음에도 다석으로부터 가장 많은 사랑을 받은 제자로 알려져 있다. 결국 그는 경기고보를 마지막으로 함흥비료공장으로 쫓겨 가 그곳 민중들과 함께 노역하다가 44세의 젊은 나이로 요절한다. 그는 이들 노동자들과 좀 더 함께 생활할 수 있기를 바라는 마음을 유언으로 남겼다.

2. 본래 유교 집안에서 태어난 사람이라 들었는데 어찌 그는 기독교에 입문하게 되었을까

간단히 대답하면 공자가 70세에 이르렀다는 자유로운 인간상 곧 '종심소욕 불유구從心所欲 不踰矩'의 상태를 10년이라도 먼저 달성코자 함이었다고 김교신은 술회한 적이 있다. 물론 그가 성선론적 인간 이해를 대신하여 죄의식 발견을 통해 기독교 회심 체험을 갖게 된 것은 사실이지만 그의 인격은 이처럼 유교적으로 특징지어져 있었다. 그가 좋아했던 인물들 역시 정몽주, 성삼문, 이황, 전봉준 등과 같은 유교적 선비들이자 의사義士들이었던 것도 이를 반증한다. 그에게 선비란 옳은 일을 위해 삶을 바치고 자신의 뜻을 이루다 여의치 않으면 재야에 묻히는 태도를 일컫는바 그 역시 그렇게 살았고 그의 기독교 역시 이런 모습이었다. 그러나 그가 흔하디흔한 아호 하나 없이 평민, 평신도로서 고집스럽게 산 것은 기독교의 영향이라 하겠다. 그가 남긴 서예물이 적지 않은데 대다수가 유교적 가치를 담은 글들이라 하니 유교와 기독교는 개종 이후에도 그에게 나눌 수 없는 하나로 존재했던 것으로 여겨진다.

3. 거듭 궁금한 것은 동료들이 무교회주의를 버린 이후에도 왜 그는 그것에 집착했을까

김교신은 자신이 우찌무라로부터 배운 것은 성서적 진리였고 일본을 향한 우찌무라의 애국심이었다고 했다. 해서 당시 동료들은 무교회주의를 일본의 아류로 생각했으나 정작 김교신은 무교회주의의 본질을 지켜 그것을 조선 기독교의 모습으로 변용·발전시키고자 했기 때문이었다. 역설적인 것은 함석헌은 그리되지 않았으나 무교회주의와 단절을 고했던 제자들 중에 용일容日의 마수에 걸린 사람이 많았는데 김교신은 반일의 기치를 높이 들었다. 무교회주의자 김교신이 1927년 「성서조선」 창간호에 썼던 다음의 말이 우리의 심금을 울리고 있다. "성서 조선아, 너는 기독신자보다도 조선 혼을 지닌 사람에게로 가라. 시골로 가라. 산촌으로 가라. 거기서 나무꾼 한 사람을 위로함으로 너의 사명을 삼으라." 이처럼 김교신은 무교회주의를 통해 성직과 제도를 비판했다. 심지어 성서보다 교회를 중시하는 집에서는 그 발의 먼지라도 털어내라고 말할 정도였다. 그의 교회(성직) 비판과 일본 비판은 동전의 양면이었고, 이는 성서를 조선에 알림으로써 가능하다고 생각한 것이다. 이는 결국 누구라도 어느 매개물(성직, 교권 등) 없이 하느님 생명에 참여할 수 있다는 루터의 종교개혁적 가치, 만인 제사직을 조선 땅에서 완성시킨 것이라 하겠고 하느님을 아버지라 부른 성서의 예수상을 구체화 시킨 것이다. 무교회주의를 통해 말하려 했던 것은 바로 성서와 조선이다.

4. 김교신의 무교회주의가 종종 '전적(全的) 기독교'라 불리는 이유는

'하학이상달下學而上達'이라는 유교적 가치에 충실했던 김교신은 일상의 영역 전체가 하느님과 살아 있는 사귐의 장이 되어야 한다는 확신을 갖고 있었다. 즉 일본 치하라 하더라도 그것은 하느님 외에는 누구도 두려워하지 않고 독립된 인격으로 살기를 원했던 확신의 표시였다고 말할 수 있다. 이를 위해 일상에서 근로와 노동, 청빈과 가난을 강조했으며 철저하게 성서를 읽어내어 자신의 전 삶이 성서와 함께 운명을 같이 할 수 있기를 바랐다. 이런 '전적 기독교'의 빛에서 볼 때 성직 제도보다 평신도의 존재 의미가 크게 부각된 것은 당연한 일이었다. 그럴수록 성서로부터 일탈된 교회 제도의 세속성에 대해 시종일관 비판했던 것이다. 마치 일본에 대한 분노처럼 그렇게 말이다.

교회 제도를 불필요하게 여겼던 만큼 김교신은 교회에만 구원이 있다는 생각 역시 - 물론 오늘날의 종교다원주의 현실과는 다른 차원이긴 하지만 - 버릴 것을 종용하기도 했다. 성서를 가르쳐 조선을 새롭게 하는 것만이 복음 곧 기독교의 존재 이유라 생각한 것이다. '조선을 성서 위에 세우자는 것'이 무교회주의의 본질이자 '전적 기독교'의 모습이라 하겠다.

5. **그렇다면 김교신의 무교회주의 안에서는 어떤 형태의 예배 행위가 수행되고 있었는지**

그의 무교회주의는 일명 조선적 자주 교회라는 의미도 함께 지니고 있었다. 하여 조선 기독교 안에 미국적 요소나 형식들을 제거하고 재정적 독립도 이뤄낼 것을 강력하게 주장했다. 이런 선상에서 무교회주의는 서당식 예배 형태를 띠었다. 우선 김교신의 성서 연구에 참여하는 사람은 누구든 그가 정해준 성서 말씀을 반드시 암송해야만 했다. 당시 부흥 목사들의 열광주의를 거부하고 지성적, 양심적 신앙 양식을 강조한 것도 특징 중의 하나이다. 해서 그의 예배는 항시 설교라기보다는 원어로 된 성서를 읽고 뜻을 풀이하는 주석적 성서 연구가 주종을 이루었다.

그러다 보니 참여하는 사람들의 이성, 지성의 수준이 요구되어 엘리트니즘에 빠졌다는 비판도 듣게 되었다. 그러나 지성의 희생을 요구하는 기독교 신앙을 그는 인정할 수 없었다. 더구나 신앙과 일상(생활)이 분리된 그리스도인의 실상을 하느님을 속이는 사기라 할 정도로 자기비판에 철저했다. 하지만 자기비판에 이렇듯 철저하되 그는 고통 받는 민중들에게 필요한 것은 사랑임을 잊지 않았다. 배운 자의 사회적 책임을 예배를 통해 강조했다고 보면 좋을 듯하다. 뒤에 언급할 그와 정반대인 열광적 기독교 사상가 이용도를 부러워하며 자신도 저런 열정을 지녔으면 하는 마음을 일기에 담아 놓았다. 자신의 방식에 대한 절대화를 피한 것이다.

넷째 주

'영적 기독교'를 추구한 시무언(是無言)
이용도 목사(1901-1933)

1. **앞선 다른 이들보다 이용도 목사는 이웃종교인들에게 낯선데 어떤 삶을 산 인물인가**

　이용도 목사는 성서의 예수처럼 33세의 나이로 세상을 떠난 천재적 영성의 소유자로 재평가되는 분이다. 말보다는 침묵, 교리보다는 사랑의 행위를 강조했으며 영적 기독교란 이름하에 고난과 사랑의 신비주의를 요구하였다. 그의 호가 말하지 않겠다는 시무언(是無言)인 것은 그의 신앙적 에토스를 잘 반영한다. 하지만 영적 기독교를 표방하는 중에 교권화 된 기독교단에 항거하다가 영적 시비에 걸려 교단으로부터 목사직을 박탈당했다가 불과 수년 전 복권되어 개인적으로는 불운한 삶을 살았던 분이다. 하지만 그 역시 김교신처럼 신(新)세상 곧 독립에의 열망을 영적 기독교의 틀에서 꿈꾸었던 영성가이자 애국지사였다. 3.1운동에 가담한 죄로 옥고를 치른 적도 있었으나 그는 정치적 활동보다는 기도 생활에 전념하여 간접적 방식으로 민족 독립 의식을 고취시켰다. 그가 부흥 집회를 가는 곳마다 당시로는 금기시된 「성서조선」을 가져다가 지역 곳곳의 목회자들에게 읽도록 했다는 일화는 대단히 유명하다.

2. 열광적 부흥사로서 활동했던 이용도 목사의 신앙(체험) 세계를 좀 더 상세히 설명해 달라

우선 이용도 목사는 성령의 역사에 힘입은 신앙 체험을 강조했다. 그러나 그의 종교 체험은 단순한 감정적 뜨거움이 아니라 그리스도 예수의 고난과 자신의 삶을 일치시키려는 소위 고난의 신비주의 차원이었다. 성서가 말하는 그리스도의 남은 고난을 자신의 몸을 통해서 온전히 채워 나가고자 했던 것이다. 그리스도의 고난과 일치되는 삶을 통해서만 한국 교회를 개혁할 수 있고, 그 힘으로 민족 독립 의식을 고취시킬 수 있다는 것이 그의 확신이었다. 결국 그는 교리가 아닌 체험의 중요성을 강조함으로써 미국 선교사들이 주입하는 신학을 맹종하지 않은 것이다. 오히려 그는 매사를 감感하여 지知할 것을 주문했다. 따라서 그에게 체험의 강조란 민족의 주체성에 대한 자각과 동전의 양면과 같은 것이었다. 고난의 일치감을 통해 이용도는 누혈漏血의 신학자라 불릴 만큼 많은 눈물을 흘리며 설교했다. 2-3시간 지속된 그의 부흥 집회 내내 그는 강대상에서 눈물만 흘리다 내려온 적도 많았다. 눈물은 고난의 일치감에서 비롯했고, 그것은 사랑의 표현이었으며, 그 사랑이 바로 영적 기독교의 본질이었던 것이다. 전도사 초년 시절 첫 목회지에서 그는 마귀와 싸워 이기는 소위 승마勝魔 체험도 했다. 이는 20대 이전까지 자신을 옭아매던 소위 마귀와의 싸움을 극복한 대단한 중생 체험이기도 했다. 혹자는 이를 무속적 강생 체험의 기독교적 표현이라고도 말한다. 무속적 삶의 지평 하에서 평생 전도 활동을 하던 어머니의 종교성의 영향력이 무의식적으로 드러났다는 평가이다. 여하튼 이 사건으로 이용도는 선교사들에 의해 주입된 기독교나 일제의 식민 문화 틀거지 속에 고착된 세상만을 보지 않게 되었다. 다시 말해 지금껏 그들 눈을 의식한 행위를 거두고 진실로 자신이 느끼는 대로 말하고 믿고 사는 한국적 예수쟁이가 되고자 한 것이다. 서구 기독교에 자신의 정체성을 투영시켰던 삶에 대한 반성인 셈이다.

3. 이용도 목사가 말하는 영적 기독교에 대한 이해를 좀 더 이론적으로 접근한다면

기미 독립선언이 실패로 돌아간 직후인 1920-1930년 시기에 활동했던 이용도 목사는 국가의 독립이 정치 등과 같은 외형적 구조에 따른 것이 아니라 인간의 영과 정신의 내면적 변화에 기초한다고 확고하게 믿었다. 때론 이런 이용도의 영성이 비정치적이거나 피안적인 것으로 오도되는 경향이 있긴 하나 이용도의 시각에선 한국이 일본을 이길 수 있는 힘은 종래처럼 일본을 적으로 보는 것을 넘어 그런 분별심 마저 넘어설 수 있는 종교 곧 예수 정신의 탄생에 있었다. 분별심을 넘기 위해 이용도는 서구적 기독교의 틀을 더욱 벗겨낼 것을 스스로에게 요구했다. 구라파의 예수가 이제 아시아로 처소를 옮길 때가 되었다고 말할 정도였다. 하여 이용도는 예수쟁이의 길을 자신 속에 육화되어 있는 무無에 대한 감각 속에서 재再언표 했다. 물론 이용도는 '육에 죽고 영에 살자'는 성서적 표현을 활용했으나 그 이면에는 동양적 무의 세계가 활동되고 있었다. 그에게 있어 영과 육은 결코 서구가 말하는 이원적 구조와는 무관한 것으로 오히려 영을 통해 육을 살려내는 생명의 역환逆換을 적시했던 까닭이다. 이용도는 이런 영적 생명이 본래 인간에게 주어져 있다고 믿은 것이다.

4. 그렇다면 이용도 목사의 영적 기독교는 동양적 기독교라는 말과 동의어로 볼 수 있는가

당연히 그렇다고 볼 수 있을 것이다. 이용도는 선교사를 통해 경험한 기독교, 서구 문화 속에 이식된 기독교가 생명의 역환을 가져다 줄 수 없다고 생각했다. 그래서 그는 서구 유럽에는 더 이상 그리스도가 머물 처소가 없다고까지 생각했다. 발길을 돌려 아시아 특히 조선 땅에 새로운 처소를 만드는 것이 기독교가 살길이라 믿은 것도 사실이다. 그가 동·서양적 종교를 대별한 것은 영적 기독교를 강조할 목적에서 비롯한 것으로 독특한 발상이다. 즉 서양적 기독교는 물적, 현세적이며 동양적 기독교는 영적, 신비적인 것이어서 동양에 유입된 서구적 기독교는 실패할 수밖에 없다고 강변할 정도였다. 그래서 이용도 목사는 서구의 미완성품인 기독교를 동양의 신비주의적 토대에서 새롭게 이해하여 정초할 것을 주문한 것이다. 때로는 동·서양의 기독교 이해를 공관복음서와 요한복음적인 것으로도 분별했는데, 요한복음이 예수를 문자가 아니라 영으로서의 체험 대상임을 강조한 흔적이 있기 때문이었다.

5. **그렇다면 마지막으로 영적 기독교와 고난의 신비주의 관계를 좀 더 설명하면 좋겠는데**

거듭 강조하지만 이용도 목사의 독특성은 신비주의를 말하더라도 인간 주체가 소멸되는 그런 것이 아니라 예수 고난을 자신 속에 전적으로 내면화하는 신비주의에 있다. 이런 고난의 신비주의가 노자가 말했듯 약함이 강함을 이긴다는 그런 에토스를 품고 있는 것도 사실이다. 헐벗은 예수, 굶주린 예수, 목마른 예수, 버려진 예수, 바로 그 예수와 하나되는 것이 온갖 강함을 이기는 동력이란 생각을 했던 것이다. 예수보다 더 높은 하느님이 없고 그보다 더 깊은 사랑이 없으며 예수보다 더 굳센 생명이 없다는 확신이다. 고난의 신비주의를 통해 결국 말하고자 했던 바는 이제 기독교는 신앙의 시대로부터 사랑의 시대로 옮겨가야 할 것이며 그것이 이뤄질 곳은 아시아 곧 한국 땅이란 사실이다. 하여 그는 천적애天的愛 곧 분별심을 없이 한 하늘의 사랑으로 제도적 교회와 식민화된 자신의 세상을 치유코자 한 것이다. 그가 졸업한 감리교신학대학 교정 안에 이런 생각이 담겨져 있는 시비가 건립되어 있다.

다섯째 주

기독교 장로교단의 위대한 스승
장공 김재준(1901-1987) 목사

1. 김재준 목사도 이웃종교들에는 조금 낯설고 기독교 장로교 역시 궁금한데

　김재준 목사 역시 앞서 언급했던 분들과 마찬가지로 교회 기득권 세력으로부터 늘 견제를 받아 온 인물로서 신학 사상에 있어 누구보다 진보적 입장을 견지한 분이다. 현대 신학 사조가 그로부터 널리 소개된 것은 참으로 귀중한 일이다. 그는 지금의 한국신학대학교를 설립한 분이기도 하다. 이 대학은 기독교 장로회 출신의 목회자들을 배출하는 학교로 널리 알려져 있다. 함석헌과도 친분이 두터웠으며 한국 민주화 운동에 앞장 선 경력도 찬란하다. 그가 남긴 저서만 해도 20여 권이 넘고 그 스스로 여러 차례 「십자군」을 비롯한 정기간행물을 만들어 현대 신학에 대한 소개와 시국에 대한 입장을 발표하기도 했다. 현재 장공 김재준 사업회가 조직되어 그의 사상을 알리고 있고 전집 18권을 펴낸 바 있다. 기독교 장로회는 예수교 장로회와 달리 성서 해석에 있어 진보적 입장을 띠고 있는데, 원래는 둘이 하나의 교단이었으나 성서 해석의 차이로 갈라져 진보 신학의 메카로 자리 잡고 있다. 한국 신학의 대표적인 사조인 민중 신학의 산실이기도 하다. 김재준 목사는 1970년 이후 캐나다로 이주해 살면서 한국 신학을 전파하고 기독교 장로회를 세계 교회와 연관 맺도록 하는 일에 큰 기여를 한 바 있다.

2. 말씀하신 내용 중에서 예수교 장로회와 기독교 장로회가 나뉜 배경을 좀 더 설명하면

이는 장공 김재준 목사가 현대 신학을 과감히 수용한 맥락에서 설명해야 할 것인데, 김재준 목사는 성서 비평학을 신학교에서 가르쳤다. 당시 한국 교회는 서구 선교사들의 보수적 영향 하에서 성서무오설, 문자영감설 등을 통해서 하느님 말씀을 담은 성서를 조금도 비판적으로 읽어서는 아니 될 분위기였다. 하지만 김재준 목사는 서구의 진보 신학자들의 견해를 빌어 성서에 대한 비판적 관점을 서슴지 않았다. 성서를 역사적으로 비평하고 편집사적으로 해체하며 양식사의 시각에서 의미를 추구하는 방식으로 성서에 접근했기에 축자영감설을 강조하던 장로교 목사들과 갈등이 일어나곤 했던 것이다. 구체적으로 장로교단 안에서 분열이 가시화된 것은 『아빙돈 성서 주석서』를 출판하는 과정에서 김재준 목사의 진보적 성서 비평에 반감을 가진 사람들이 김재준 목사를 1953년 교단으로부터 축출하면서부터였다. 교단 총회 결의로 김재준 목사의 성서 해석과 그에 동조하는 신학자 모두를 소환하여 심문하는 일도 발생했다. 결국 아무리 교회의 권위가 중요하더라도 그 권위가 학문의 자유를 침해한다면 교회마저도 벗어날 수 있다는 당시로서는 과감한 신학적 결단을 김재준 목사의 입장에서 행한 것이라 할 것이다. 이를 토대로 한국 신학계 안에는 여전히 보수와 진보의 시각이 공존하게 되었다. 비록 교단은 나뉘었으나 신학이 고인 물처럼 되어서는 안 된다는 좋은(?) 선례를 남겼다고 보는 이들이 많다.

3. 신학자와 목회자를 양성한 교육자로서 김재준 목사의 위상을 평가한다면

본래 북한에는 평양신학교라는 미국 선교사가 세운 장로교 목회자 양성기관이 있었다. 그곳에서 김재준 목사는 이미 학생들을 가르치고 있었다. 그러나 일제 말기 그 신학교가 폐쇄되자, 그는 남쪽 땅 서울에서 신학교 재건에 투신했고 그 수고로 1940년 조선 신학원을 열게 되었다. 몇 년간은 교장으로 학교를 이끌기도 했는데 거기서 그는 성서 비평학 교수로 학생들을 가르쳤다. 1951년 조선신학교는 한국신학대학으로 명칭을 바꿔 진보적 학풍을 이어 나갔다. 그러나 앞서 본 대로 아빙돈 성서 주석 사건이 생겼고 그 결과 평양신학교 출신들이 주동이 된 총회 목사들이 조선신학교 출신들의 목사 안수를 무효화하는 등 폐해가 속출하게 되었다. 이런 상황에서도 김재준 목사는 한국신학대학을 충직히 이끌었고 진보 신학의 산실이 될 수 있는 여건들을 만들어 갔다. 그에게서 배운 수많은 목사가 한국 교회의 발전을 위해 크게 기여한 것은 주지의 사실이다.

4. 김재준 목사가 반(反)독재 민주화 운동을 했다고 들었는데 어찌 그런 일을 하셨는지

　진보 신학 사조는 예나 지금이나 교회와 사회의 관계를 중시한다. 교회가 교회를 위해서 존재 할 수 없다는 것이 진보 신학의 근본 에토스인 까닭이다. 1960년대는 그가 아빙돈 사건의 후유증을 딛고 신학 교육에 헌신하던 시기였다. 그러나 4.19가 일어나자 그는 신학대학 교수들을 이끌고 데모 행진에 참여했고 그로부터 시작된 반독재 투쟁은 5.16을 거쳐 1987년 6월 항쟁에까지 이어진다. 특히 함석헌과 함께 5.16 군부 세력과 맞선 이야기는 지금도 유명하다. 5.16을 군사 반란이라 하였다가 학장직에서 쫓겨났기 때문이다. 무엇보다 그는 문필가로서 군부 정권에 대해 저항했고 그들에 의해 시도된 한일 국교 정상화 반대 투쟁에도 앞장섰으며 1969년 3선 개헌 반대를 위해 범국민 투쟁위원회 위원장으로 헌신한 적도 있다. 한국 민중의 인권 신장을 위해 국제 엠네스티 한국 위원회 책임도 서슴없이 맡았다. 혹자는 이런 일들이 목사의 과제인지 비판적으로 묻곤 하나 진보 신학의 입장에서는 의당 그리해야 될 일이었다. 1974년에서부터 1983년까지 10년간 캐나다에 거주한 기간이 있었으나 그때도 이국땅에서 그가 한 일은 반독재 민주화 운동이었다. 소천하기 20일 전까지도 그는 박종철 국민 추도위원회 발기인으로 절친 함석헌과 더불어 <새해 머리에 국민에게 드리는 글>을 쓰기도 했다. 교회가 독재에 대해 침묵할 때 그는 진정코 하느님 예언자로서의 삶을 살았고 그것이 자신의 소임이라 생각했다.

5. 그럼에도 김재준 목사가 속한 기장은 소수파 기독교인으로 남을 수밖에 없었는가

안타까운 일이나 현실은 그러하다. 비록 교회 안에서 그의 위치는 작을지라도 그의 삶과 행위는 이미 교회 범주를 뛰어넘어 한국 사회의 중심인물로 자리 잡게 되었다. 하지만 그의 정치적 연설과 행위는 그에게 교회적이고 신학적인 몸짓이었다. 그에게는 이 둘이 결코 양분되지 않았던 것이다. 그 때문에 한국 교회에서는 기독교와 정치 참여 문제가 논쟁거리로 부각되기도 했다. 비록 김재준과 그가 속한 기독교 집단이 소수이긴 하나 그의 행보는 교회 밖은 물론 전 세계로부터 주목받는 이상적 행보로서 평가 받고 있다. 그의 족적이 이리 크고 웅장함에도 한국 교회는 여전히 '개독교'라 조롱당하며 옛 신앙 선배들의 삶을 퇴색시키고 있다. 이런 스승의 길을 따르기는커녕 돌을 들어 스승을 추방했던 이들의 길에 사려없이 안착하는 모습을 보이는 중이다. 하지만 그의 삶은 지나간 과거이기도 하지만 다시 찾아야 할 오늘이기도 하다.

이상에서 이야기했던 다섯 명의 기독교 사상가들은 성향에 있어 저마다 조금씩 다르나 소수자의 길에 섰고 한국인의 주체성을 강조했으며 기독교를 영적으로 소생시키는 일에 앞장 선 분들이다. 이들이 있었기에 한국 교회가 욕을 먹어도 버틸 힘이 있는 것이다. 100여 년 전 그들이 품었던 문제의식으로 되돌아가지 못한다면 한국 교회의 미래는 없을 것이라 전망한다. 그래서 21세기 문턱을 막 넘어섰고 종교개혁 500주년이 목하의 현실이 된 상황에서 이들이 더욱 소중한 것이다.

넷째 마당

기독교인은 무엇을 믿는가 Ⅰ
: 기독교 신앙의 학문 체계에 관하여

첫째 주

신앙의 학문으로서 기독교 신학은 도대체 무엇인가

1. 기독교 신학은 신앙을 위해 어떤 과제를 갖고 있는가

어느 종교든지 그 신앙 체계가 있듯이 기독교 역시 자신이 믿는 바에 대한 포괄적이며 체계적인 설명을 필요로 한다. 따라서 신학은 각기 상이한 문화적 정황(Context)하에서 신앙을 이해할 수 있는 언어로 해석하는 작업이라 하겠다. 즉 예수 그리스도의 진리를 구체적 상황과의 관련 속에서 생각하는 일이다. 그렇기에 신학은 교조적(dogmatic)일 수 없고 언제든 질문적일 수밖에 없다. 예부터 신학을 '이해를 추구하는 신앙'이라 불러 온 것도 이런 이유에서다. 참 신앙과 신앙주의(fideism)를 구별하는 것이 신학의 과제이다. 하지만 기독교 신학은 데카르트 식의 '나는 생각(회의)한다'는 방식과는 다르다. 신학은 자기의식만을 강조하지 않고 하느님이 계시니 내가 있다는 사실을 긍정하기 때문이다. 나보다 더 큰 존재에 의해 내 자신이 존재한다는 믿음에 신학이 기초한다는 것이다. 모든 것에 대한 단순한 의심을 말하지 않고 하느님이 예수를 통해 이 세상을 사랑하셨다는 사실 속에서 물음을 지속한다. 이것이 일반의 다른 학문과 다른 점이다. 그럼에도 신학은 신의 현존보다 신의 부재를 느낄 수밖에 없는 현실인 것을 인정하며 더욱 묻고 치열하게 세상을 달리 만들고자 노력할 수밖에 없다.

2. 신앙이 지속적으로 질문하는 행위라면 기독교인이 된다는 것은 무엇을 뜻하는 것일까

도그마와 같은 경직된 대답을 주는 것으로 만족한다면 신학은 죽은 학문이 되고 말 것이다. 신앙인들 중에는 그런 대답을 원하는 사람이 적지 않다. 생각하지 않고 믿는 것을 신앙인의 옳은 태도라 여기는 까닭이다. 하지만 신학은 신앙인에게 예수가 대답이라 여긴다면 더욱 치열하게 우리의 물음이 무엇인가를 묻도록 가르친다. 우리가 무엇을 묻고 고민하기에 그가 대답이 되는지를 생각하라는 것이다. 기독교인이 된다는 것은 교리에 빠져 있거나 성서주의자가 되는 것을 뜻하지 않는다. 신앙과 이성이 결코 양자택일적이지 않다는 것이다. 기독교인이 됨으로써 오히려 신앙을 갖기 이전보다 더 많이 묻고 고민하며 생각해야만 한다. 이 과정을 통해 깨달은 확신을 자신의 온몸과 마음을 다하여 예배하고 실천하는 행위 역시 기독교인의 삶의 몫이다. 그럼에도 신학이 있음으로 해서 기독교 신앙은 거짓이나 환영, 경건적 도피와 구별되는 비판력을 지닐 수 있다. 하여 감리교 창시자 웨슬레는 인간에게 주어진 생득적 능력인 이성을 부정하는 것은 종교를 부정하는 것과 같다고 말한 바 있었다.

3. 흔히들 기독교 신학을 위해 세 종류의 눈이 필요하다고 말하는데 그것의 의미는 무엇인가

앞에서 이야기했듯이 신학은 '내가 생각한다'는 시각에서 출발하지 않는다. 신학은 내가 받아들여졌다는 사실로부터 시작한다. 그래서 신학에 필요한 것은 일차적으로 '믿음의 눈'이라 한다. 내가 성서를 읽는 것이 아니라 성서가 내 삶을 읽고 있다고 고백하는 것이다. 내가 안식일을 지키는 것이 아니라 오히려 안식일이 나를 지킨다는 믿음이다. 하지만 믿음의 눈만 강요하다 보면 신앙주의에 빠지기 십상이다. 이천 년 기독교 역사의 오류, 성서 속의 모순들, 가부장적 요소 등 납득할 수 없는 점이 수없이 많다. 이런 것들에 대해 비판할 수 있는 '의심의 눈'이 필요한 이유이다. 이런 눈이 없다면 신앙은 이데올로기로 변질될 개연성이 크다. 성서가 사람들에게 생명의 빵이 아니라 삶을 무겁게 하는 돌덩이가 될 수도 있다는 것이다. 이와 더불어 또 한 종류의 눈이 필요하다. 그것을 흔히 '자기 발견의 눈'이라 한다. 의심의 눈이 성서 곧 기독교 전통 안에서 요청되는 시각이라면 자기 발견의 눈은 이웃 전통, 이웃종교와의 관계 속에서 필요하다. 각각의 종교는 저마다 고유한 세계관에서 태동되었기에 자신들과 다른 것들을 볼 수 있는 눈이 있어야 한다는 것이다. 자기 전통의 시각만으로 세상을 바라보는 독선을 피하기 위함이다.

종교 간의 대화가 가능한 것도 바로 이런 세 번째 눈의 존재감 때문이다.

4. 기독교 신학에도 여러 분야가 있다고 하는데

신학은 일반 신앙인들뿐 아니라 기독교 교회를 섬기는 목회자 양성을 위해서도 필요한 학문이다. 이를 위해 신학은 상당히 세분화되어 있다. 우선 신,구약성서를 연구하는 성서신학이 있고 이천 년 기독교 역사 속에서 태동된 교리, 교회 역사를 배우는 역사신학이 있으며 이성과 경험에 비추어 전승된 교리, 신조들을 시대에 맞도록 재해석하는 조직신학과 구체적으로 예배와 선(포)교, 교육, 상담 등을 총괄하는 실천신학 분야가 있다. 최근에는 실천신학의 각 주제들이 세분화되어 독자적으로 발전하는 추세이다. 특별히 필자의 전공 분야인 조직신학은 비판력과 상상력이 가장 많이 요구된다. 전승된 기독교 신앙과 교리를 일관되게 시의적절한 방식으로 설명해야 하는 까닭이다. 이렇듯 신학 내에 여러 분야가 있는 것은 결국 기독교 진리가 세상 속에 옳게 실천될 수 있도록 하는데 그 목적이 있다. 전통과 신앙을 단순 반복하는 것이 목적이 아니라 새로운 개념과 행동으로 기독교 진리를 표현하는 일에 모든 분야가 내적으로 협력하고 있다.

5. 그렇다면 신학에 중요한 것은 이성적 질문 이상으로 역사적, 사회적 맥락이 아닐까

물론 교회와 신학이 세상 안에 있는 까닭에 역사적, 사회적 맥락이 중요하지만 신학이 어느 부분에 주안점이나 무게중심을 두느냐에 따라 다원적일 수 있다. 신학이 교회에 중점을 두는 경우 성서 해석이 중요할 것이고 대학이 기준이 될 경우 이성적 변증이 중요할 것이며 사회를 강조하는 경우 정의의 실천을 말하지 않을 수 없을 것이다. 최근에는 생태계의 붕괴와 신자유주의의 폐해 그리고 여성주의 의식의 강화 등으로 신학이 더욱 세분화되어 생태 신학, 탈식민(자본)주의 신학, 여성신학이 강화되기도 했다. 20세기 최대의 신학자 칼 바르트의 경우 신학을 성서의 말씀에 비중을 둔 교회의 학문이라 했으며 폴 틸리히라는 신학자는 일반 문화의 시각에서 기독교를 바라보는 일에 치중했고 남미의 해방신학과 한국의 민중신학은 사회·정치적 컨텍스트 곧 불의한 경제구조와 투쟁적 실천을 신학의 고유 과제로 설정한 바 있다. 결국 이런 신학 내의 다원성은 신학이 이해를 추구하는 신앙이며 물음을 떠나서는 존재할 수 없음을 환기시킨다. 묻는 방식에 따라 신학의 다양성이 생겨난다는 것은 신학의 묘미이자 축복이라 하겠다. 대학, 교회, 사회, 나아가 자연 생태계와 자본주의 체제 등 각 영역에서 일어나는(from below) 문제에 대해 답을 하려는 것이 바로 '예수가 대답이라면 도대체 무엇이 문제인가'의 실상을 반영한다.

둘째 주

기독교 신앙과 신학에서 말하는 계시란 도대체 무엇인가

1. 이웃종교에는 낯선 '계시'란 개념이 기독교의 고유한 정체성을 말하는가

 종교들은 저마다 주장하는 근거를 갖고 있고 그것을 설명할 책임이 있다. 기독교는 그것을 계시 내지 계시 사건이라 이해한다. 물론 기독교가 계시를 근거로 자신만의 절대성과 배타성을 주장해서 문제이지 그것이 기독교의 고유한 정체성을 드러내는 표현인 한에서 이 개념은 대단히 중요하다. 개념적으로 계시(Revelation)란 지금껏 숨겨졌던 것이 드러난다는 뜻이다. 그런데 그것이 인간 삶을 전적으로 변화시키는 힘으로 나타난다는 점에서 계시는 여타의 앎이나 지식과는 다르다고 고백하는 것이다. 전통적으로 기독교는 하느님 계시가 창조 안에 그리고 이스라엘 백성 그리고 무엇보다 예수라는 한 사람의 인격 속에 드러났다고 믿는다. 특별히 예수 그리스도의 삶과 죽음 전 과정 속에 하느님이 자신을 드러냈다는 것이 기독교 고유한 믿음이다. 예수를 이 세상을 위한 하느님 사랑의 결정적 계시라고 보는 것이다. 물론 기독교는 이 세상을 이해하고 설명하는 다른 방식이 있음을 긍정한다. 하느님 계시는 다른 식으로 세상을 이해하는 길을 부정하지는 않으나 그것이 인간을 자유롭게 하는 최적의 길임을 확신한다. 계시가 인간의 발견물이 아닌 하느님 선물인 것을 강조하는 것도 이런 이유에서다. 그럼에도 신학은 계시에 대한 인간의 책임있는 반응을 요구한다. 그 선물은 지금까지 인간이 살아오던 삶의 방식과 가치관을 뒤흔들어 놓는 힘을 지녔다는 사실이다. 예수라는 특별한 존재의 시각에서 우리 삶을 해석하고 반응하라는 것이다. 결국 계시란 신조(교리)가 아니라 새로운 삶으로의 초대라 하겠다.

2. 그렇다면 특별 계시를 강조하는 기독교의 입장에서 이웃종교는 어떻게 바라보는가

앞서 본 대로 기독교 신앙에서 예수는 성서 속의 핵심 문장과도 같은 존재이다. 하지만 예수 속에서 하느님의 특별한 계시를 강조하더라도 자연과 역사 그리고 이웃종교 안에서의 하느님 현존 역시 부정되지 않는다. 기독교는 이를 특별 계시와 일반 계시라 하여 구별하지만 관계시키는 방식으로 체계화했다. 하느님의 정체성이 예수뿐 아니라 우주 만물과 인간의 전 역사 속에서도 드러난다는 이런 양립적 사고는 우등이나 열등의 차원이 아닌 독특성의 시각에서 이해할 필요가 있으나 그리

되지 못하는 경우도 많다. 실상 인생을 살다보면 신앙인과 비 신앙인의 구별이 무색할 만큼 인간 삶의 공통 기반이 많고, 과학의 발전으로 인류가 누리는 혜택이나 이웃종교인들의 아름다운 삶의 이야기를 접하다 보면 특별 계시만을 강조하는 것의 한계와 위기를 경험할 수 있다. 여타의 진리는 거짓이고 기독교 진리만 옳다는 배타주의가 무용지물이 될 수 있다는 말이다. 현실적으로 많은 교회가 성서가 증언하는 그리스도 특별 계시 하나만을 집중하여 자신을 편협한 공동체로 만들고 말았다. 이 점에서 한국 교회는 하느님께 회개할 필요가 있다. 일반 계시조차 용납할 수 없을 만큼 교만해진 까닭이다. 예수 그리스도 곧 특별 계시란 기독교인 됨의 삶의 특성을 말하는 것으로서 구원의 독점이나 당파적 편견과는 거리가 멀다. 예수 그리스도 안에 나타난 하느님 인식을 통해 기독교인이 할 일은 인간의 이기심을 떨쳐 버리는 것이 급선무이다. 하여 계시와 이성, 그리스도와 문화(종교), 역사와 자연, 기독교와 이웃종교라는 이분법적 도식은 더 이상 용납될 수 없다. 특별 계시는 기독교가 독점한 소유물이 결코 아니라 인간 삶 속에서 누구에게나 발생할 수 있는 사건이자 선물이기 때문이다. 기독교를 계시 종교라 하는 이유는 인간 삶이 거듭 달라질 수 있고 변할 수 있다는 것을 말하며 부자나 거지가 결코 그 상태로만 존재하지 않는다는 가르침을 담고 있다. 특별 계시가 오히려 정형화되고 답보 상태에 있는 기독교 교회에 자기 초월을 향한 걸림돌이 되고 있음을 명심할 일이다.

3. 그렇다면 예수 안에 하느님이 완전히 계시되었다는 말의 진정한 뜻은 무엇인가

앞서 본 대로 기독교는 특별 계시라 하여 예수 그리스도의 인격과 그의 업적을 대단히 강조해 왔다. 일반 계시와 구별될 만큼 특별한 것이 예수의 삶 속에 나타나 있었다는 말이다. 그것은 하느님의 사랑이 구체적 시공간 속에서 예수의 삶으로 제대로 표현되었다는 의미이다. 더구나 예수 속에서 드러난 사랑이 지금도 지속적으로 사건화 되기에 우리를 변화시키며 해방시키고 있다는 것이며 우리들에게 새로운 정체성을 심어주고 새로운 사명을 갖고 인생을 살도록 돕는 구체적 힘이 작용한다는 확신이다. 이는 성서가 증언하듯 '네 죄가 용서 받았다', '가난한 사람은 복이 있다', '세상의 끝 날까지 너희와 함께 있겠다'는 성서의 말씀 속에 잘 나타나 있다. 이처럼 예수의 말씀과 삶이 인간을 전적으로 새롭게 부르고 있는 한, 기독교 신앙인에게 예수는 특별 계시로서 사건화 되고 있다고 말하지 않을 수 없다.

4. 그럴 경우 성서와 계시의 관계는 무엇인가, 성서가 곧 계시인가

물론 성서가 곧 계시는 아니다. 이 둘을 일치시키면 성서 문자주의, 계시 실증주의가 되어 오히려 사람을 문자의 노예로 만드는 일이 발생할 수 있다. 종교개혁자 마틴 루터도 이미 성서 속에 하느님 말씀(계시)이 있는 것이지 성서 자체가 하느님 말씀은 아니라는 이야기를 남겼다. 우리가 성서에 대해 신앙의 눈만이 아니라 의심의 눈을 떠야 한다고 말한 것도 이런 이유에서이다. 그럼에도 불구하고 성서의 증언과 교회 전통 없이 인간을 변화시키는 하느님의 계시 사건 역시 발생할 수 없다는 논리도 틀리지 않다. 성서와 교회의 전통, 역사를 무시할 때 계시의 의미가 퇴색될 수 있다는 말이다. 이 점에서 성서는 예수 안에 나타난 하느님 계시의 보고寶庫라 해도 틀리지 않을 것이다. 거듭 말하지만 이런 시각은 성서 문자주의와는 같지 않다. 하느님 계시가 교회를 통해 선포되는 설교로 증언된다는 것도 수용할 만한 주장이다. 때론 설교와 강론이 본질에서 어긋난 경우도 많으나 교회의 설교는 결국 하느님 사랑이 예수의 삶과 말씀을 통해 어떻게 표현되었는가를 알리고 그에 대한 인간의 실천적 결단을 요구하는 일이어야 마땅하다. 이런 맥락에서 기독교인이 된다는 것은 특별 계시를 믿는 일이며, 그것은 기독교 전통을 따르는 일과 동일시되지 않는다. 계시는 자신을 전혀 다르게 만드는 실천적 결단을 항시 동반하기 때문이다.

5. 성서 권위를 옳게 인정하는 것이 기독교 신앙인들에게 중요한 일일 것인데

우리는 주변에서 성서가 인간을 부자유하게 만드는 일을 경험한다. 문자적 이해로 인해 갈등과 대립이 반복되고 이웃종교에 대한 배타성도 이로부터 비롯한다. 하지만 성서는 초자연적 성격을 지녔기 때문에 권위가 있다거나 사적(개인적) 구원을 위한 책이기에 의미가 있는 것이 아니다. 한마디로 성서는 그 자체로 권위가 있는 것이 아니라 성서가 증언하는 하느님 계시 곧 그리스도 안에서 자신의 삶이 변화되고 해방될 때 비로소 권위가 발생할 수 있다. 이것이 특별 계시의 의미라 생각한다.

부언하자면 성서가 개인적 차원을 넘어 궁극적으로 세상 자체를 변화시키는 하느님 활동의 증언인 한에서 권위가 있다고 보는 것이 옳다. 이것을 우리는 형이상학적 진리가 아닌 수행적 진리(performative truth)라 부른다.

셋째 주

기독교의 하느님은 왜 삼위일체라 하는가, 하나와 셋은 어떤 관계인가

1. **동양 종교에서 하느님 개념은 매우 낯설다. 하느님을 어찌 이해해야 하는가**

흔히들 동·서양 종교들 간의 차이를 유신론적 신개념의 유무에서 발견한다. 불교를 비롯한 신유학에 이르기까지 인격적 신개념이 탈각된 것은 널리 알려진 사실이다. 불교인들 중에는 유신론적 형상을 한 기독교의 하느님을 아주 저급한 존재로 인식하는 경우도 있다. 하지만 전혀 다른 풍토에서 태동된 기독교의 신관을 따르는 신앙인들의 현실을 생각할 때 인격적 신관에 대한 깊은 이해가 있어야 할 것이다. 최근에는 서구 기독교에서조차 인습화된 기독교의 인격신 개념을 비판하고 있다. 일찍이 독일의 철학자 포이어바흐는 하느님을 '자신의 숨겨진 잠재성'이라 했고 심리학자 프로이트는 '어린 시절의 환상적 잔재'라 불렀으며 니체는 '신의 죽음'을 선포하고 말았다. 기독교 선교 과정에서 신의 이름으로 자행된 온갖 사악한 일들을 떠올리며 하느님의 전능성과 선함에 대한 기독교적 인격신 개념이 도전받고 있는 것은 사실이고 현실이다. 최근 여성 신학자들에 의해 하느님의 인격성이 성서에서조차 남성성으로 표현되고 있음으로 해서 성차별이 가중되었음이 폭로된 바도 있다. 이처럼 인격으로 표현된 유신론적 신관에 대한 비판은 귀담아 들을 부분이 많다. 이런 정황에서 기독교 신학은 다시금 기독교 공동체가 예배했던 하느님, 성서가 증언하는 하느님이 도대체 누구인가를 되묻기 시작했다. 주지하듯 성서는 신·구약 66권을 통해 하느님을 천지를 선하게 창조하시고 타락한 세상을 구원하셨으며 항시 삶을 새롭게 창조하도록 소망으로 이끄시는 분임을 증거하고 있다. 그렇다면 창조주, 구세주 그리고 위로자 성령으로 언표된 하느님은 신 자체를 부정하는 오늘의 현실과 어찌 마주설 수 있을까? 이것이 바로 기독교의 고민이자 해결해야 할 과제가 되었다.

2. 성서의 하느님을 삼위일체적 신이라 하는데 성서에 그런 말이 있는가

성서 신학자들 역시도 성서 안에 삼위일체란 말이 있는 것이 아니라고 말한다. 물론 관련되는 성서적 근거(마태복음 28장 19절)가 없는 것은 아니지만 삼위일체란 말은 성서에 근원을 두었다기보다 성서에 나타난 하느님 활동을 바탕으로 하여 후대의 신학자들이 사색한 결과라 하는 것이 옳다. 오히려 성서는 한 분이신 하느님을 증거하는 구절이 대단히 많다. 같은 뿌리의 유신론적 종교인 이슬람 역시 유일신 사상을 강조하여 삼위일체를 말하는 기독교와 다름을 강조하고 있으며 유대교 역시 예수를 신으로 인정하지 않는 유일신 종교로 정착되어 왔다. 그런데 유독 기독교의 경우 유일신 사상과 예수 그리고 성령의 이해를 연계시켜 새로운 종교로 재탄생시켰다. 기독교의 하느님은 본래 한 분이나 성령과 예수 그리스도를 통해서 그의 활동을 펼쳤기에 이들 행위의 상이성과 다양성을 인정하는 차원에서 삼위일체 신관을 고백했다는 말이다. 즉 하느님이 아버지와 아들과 성령으로 활동하는바 그들 존재가 각기 근원, 중보자, 화해자로서의 역할을 하고 있다는 것이다. 근원만을 강조하면 이것은 강한 일신론의 성격을 띠게 되어 타자를 무화시키는 누를 범할 수 있고, 예수만을 강조하면 예수 우상숭배에 빠질 수 있으며, 성령만이 강조되면 그것이 꼭 기독교적일 필요가 없는 신비주의에 빠지게 된다. 바로 이것이 삼위일체 신관이 지닌 장점이라고 전통 신학은 강조해 왔다. 하느님은 특별한 민족이나 국가의 창시자가 아니며 예수만이 아니라 역사와 자연을 통해서도 활동하시는 분이고 교조화된 질서를 부수는 영적 존재라는 것을 삼위일체 신관은 강조하고 있는 것이다.

3. **그러나 여전히 삼위일체 신에 대한 이해가 어려운데 현대적으로는 어떤 해석들이 있는가**

흔히들 삼위일체 하느님을 놓아버리면 기독교 정체성을 잃어버릴 수 있음을 경고할 정도로 이것은 기독교를 특징짓는 또 다른 개념이다. 삼위일체는 살아계신 영원한 하느님의 생명이 홀로 자족하지 않고 상호 인격적 관계 속에 있음을 거듭 강조한다. 삼위일체의 하느님은 타자로부터 자신을 분리시키는 주체로서 존재하지 않고 관계적 실재로서 간쎼주관적 존재 양식을 갖는다는 것이다. 본래 한 분인 하느님은 자신 속에 타자성을 포함하고 있다는 말이기도 하다(I am, because we are). 그 타자와의 관계를 통해서 자신의 본질을 드러내시는 존재가 하느님이라는 것이다. 이것은 하느님이 지고한 존재가 아니라 끊임없이 인간과 더불어 계약을 맺은 존재임을 상기시킨다. 하느님이 스스로 자신을 제한시켜 인간에게 의존되는 방식으로 존재한다는 말이다. 이것은 하느님은 사랑이라는 말과 다름 아니다. 하느님이 인간과 세계를 위해 자발적으로 고통 받을 수 있는 존재임을 적시하기 때문이다. 예수가 십자가에서 죽은 것은 바로 하느님의 죽음이기도 했다. 기독교의 하느님은 그래서 필연적인 존재라기보다는 필연 그 이상의 존재라 해야 옳다. 세상과 사람을 위해 십자가의 죽음까지 포함하고 있는 하느님, 바로 그가 삼위일체 하느님의 본질이다. 이런 삼위일체 신 이해는 가스실에서 죽어간 유대인들의 아우슈비츠의 경험으로부터 더욱 힘을 얻게 되었다.

4. 그렇다면 삼위일체 하느님과 기독교의 은총 혹은 선택 개념은 어떤 관계가 있는가

　　기독교는 인간의 자유의지를 부정하지 않으나 하느님의 은총을 강조하는 종교이다. 내가 하느님을 택한 것이 아니라 그분이 내 삶을 먼저 당신께로 불렀다고 고백한다. 구약성서를 보면 떠돌며 유리하는 유대 백성을 하느님 당신의 백성으로 삼아 주셨다. 이스라엘 민족이 후일 스

스로 택한 백성이란 선민의식에 빠져 버렸으나 실상은 형편없던 유랑민들을 값없이 택해 주신 것뿐이다. 신약성서에는 예수께서 가난하고 소외 받는 죄인들을 위한 존재로 그려지고 있다. 스스로 자족하신 분이 인간들과 더불어 계약을 맺으시고 그들을 당신의 백성으로 부른 것은 오로지 은총이자 선물이다. 이런 선택은 바로 삼위일체 하느님 자신의 일이라 하겠다. 그래서 성서는 예수 그리스도 안에 있는 하느님 사랑으로부터 우리를 떼어 놓을 수 있는 것은 아무것도 없다고 강변한다. 심지어 죽음도 그리 못함을 말한다. 그럼에도 하느님의 선택은 인간의 자유를 무시하지 않는다. 인간 역시 자신의 자유로 하느님의 계약을 성실히 지켜야 할 존재인 것이다. 결국 삼위일체는 하느님과 인간의 공동체적 관계를 적시하는 기본 틀이라 해도 틀리지 않다.

5. 삼위일체 하느님과 세상의 악은 아무 상관도 없는 것인가, 악과 하느님의 문제는

현실에서 세상의 악에 직면하여 이런 삼위일체 하느님의 은총, 선택 등을 말하는 것은 쉬운 일이 아니다. 기독교는 하느님이 지은 선한 창조 세계 속에 어찌하여 악이 있는가를 피하지 않고 대면하는데 이를 신정론이라 한다. 하지만 성서는 악의 기원을 묻거나 원인을 설명하는 철학적, 사회학적 저술이기보다 하느님 사랑의 궁극적 우위, 궁극적 승리에 대한 확신을 기록한 책이다. 비록 하느님이 세상을 사랑하여 보낸 독생자 예수를 십자가에서 잃었으나 이런 고통스런 사랑으로부터 세상을 이길 힘 즉 성령이 도래함을 말하고 있기 때문이다. 예수 사후 우리에게

온 성령은 세상의 고통을 가슴에 품으며 인간에게 여전히 희망의 씨앗을 전파하고 있는 것이다. 세상의 악과 고통은 하느님 스스로도 원한 바가 아니었으나 그 원인이 어느 것이었든 궁극적으로 삼위일체 하느님께서 능히 그 세력을 이기신다는 것이 삼위일체 신관이 말하는 바이고, 그것의 구체화를 부활 사건에서 보는 것이 기독교 신앙이다.

넷째 주

기독교는 인간을 어떻게 이해하는가, 하느님의 형상이란 의미는 무엇인가

1. 인간은 하느님을 닮았다는데 여기서 이야기하는 하느님 형상이 무엇인가

인간은 참으로 이해할 수 없는 존재이다. 합리적인 듯하면서 비합리적이고 자유를 원하면서도 남과 의존적 관계를 원한다. 하여 인간이란 존재는 본래 하나의 신비라 말해진다. 성서는 인간이 하느님 형상(Imago Dei)으로 창조되었다고 증언한다. 하느님에 대한 이해도 어려운데 그 모습대로 창조되었다는 것 역시 쉽게 이해되지 않는다. 성서가 말하는 하느님 형상은 인간이 육체적으로 하느님을 닮았다는 것을 뜻하지 않는다. 때론 자연을 지배할 수 있는 능력, 인간의 이성 혹은 인간의 자유 등이 하느님 형상으로 이해된 적이 있었다. 그러나 하느님 형상이 인간의 속성이나 재능, 능력을 적시하지 않는다는 것이 현대 신학의 가르침이다. 오히려 하느님 형상은 정적인 속성 개념이 아니라 '하느님과 함께하는 인간의 미래적 목적 개념'이라 가르친다. 하느님께서 이 세상을 창조하고 반복적인 은총을 통해 세계를 지속시키듯이 그런 하느님 뜻에 상응하여 살아야 할 존재가 인간이란 것이다. 이 점에서 성서는 예수야말로 하느님이 인간에게 원했던 가장 완벽한 하느님 형상이라 한다. 따라서 기독교는 예수 속에서 참 인간의 길이 무엇인지를 깊이 사색하고 가르치는 종교이다.

2. 기독교의 인간 구조를 보면 우선 인간이 창조된 존재라 하는데, 이 말 뜻은 무엇인가

우선 인간이 하느님에 의해 창조된 존재라는 것은 하느님이 세상을 초월한 분이듯 세상에 대해 자기 초월적, 개방적 존재임을 천명하는 것이다. 인간은 본래 하느님과의 관계를 떠나서는 살 수 없는 존재임을 말하기도 한다. 또한 인간이 홀로 존재할 수 없고 다른 피조물들과의 공동체적 관계 속에서 살 수밖에 없는 존재임을 확인시킨다. 그래서 앞서 말했듯 아직 실현되지 않는 하느님의 미래 세계를 지향하며 그곳을 바라보도록 추동된 존재가 바로 하느님 형상인 것이다. 충동과 본능만으로 사는 다른 피조물들과 달리 인간은 '내가 거룩하니 너희도 거룩하라'는 말씀이 의미하듯 하느님과 함께하는 미래를 책임질 존재인 것이다

3. 그렇다면 기독교는 왜 인간이 죄인인 것을 강조하는가, 하느님 형상은 대단히 긍정적인데

일반적으로 기독교는 인간의 죄를 강조하는 원죄의 종교로 알려져 있다. 하지만 기독교 역시 여타 동양 종교들처럼 인간의 근원적 선함을 부정하지 않는다. 이를 일컬어 원초적 은총(Original blessing)이라 한다. 하지만 기독교가 제도화되는 과정에서 그리고 교회의 과도한 성직화가 진행되는 과정에서 인간이 날 때부터 타락했다는 원죄론이 생겨났다. 이로써 교회는 죄인들인 인간을 상대로 맘껏 자신들의 위상을 높일 수 있었다. 물론 인간 속에는 어두운 면이 있는 것도 사실이다. 자유가 소중하지만 자유로부터 도피하려는 경향(에리히 프롬)도 있는 것이다. 인간의 이해할 수 없는 측면을 설명하기 위해서 원죄론이 여전히 설득력을 갖고 있다. 그러나 성서는 인간이 본래 하느님에 의해 창조되어 하느님의 가능성을 지닌 존재였으나 실재하는 현실적 인간은 그렇지 못한 것을 비중 있게 다룬다. 창조된 하느님의 형상이 죄로 인해 상실되어 버렸다는 것이다. 이로부터 기독교는 인간의 전적 타락을 오히려 강조하며 하느님의 전적 은총에 의해서만 창조된 본성이 회복될 수 있다고 가르치고 있다. 타락되었음에도 인간 속에서 하느님 형상을 다시 볼 수 있는 가능성을 인정하는가의 여부에 따라 기독교의 진보와 보수의 입장이 대별되는 상황이다. 중요한 것은 인간의 타락이 적시하는 것은 인간이 하느님과 다른 피조물들과의 관계성을 거부하고 자신을 절대화하는 모습이다. 자유롭게 창조된 인간이 현실에서 지배와 예속의 구조를 만들고 있다는 사실이 바로 죄의 현실성인 것이다. 따라서 하느님과 함께

하는 미래적 개방성이 부정되는 것이 바로 타락된 인간의 실상이라 하겠다. 미래가 없는 삶을 만들고 그 틀에서 사는 오늘의 인간상이 바로 타락한 인간의 전형이다.

4. 도대체 선한 창조 세계 속에 죄가 왜 생겨났는가 하는 질문이 가능한 것인지

사실 이 주제는 다루기 어려운 내용이다. 이에 대해 가장 많은 논의를 한 기독교 사상가가 어거스틴이다. 물론 성서 안에도 이런 시각이 많이 담겨 있기는 하지만 말이다. 죄의 기원에 대한 질문은 죄의 보편성에 대한 물음으로 바뀔 때 이해하기 쉬울 듯싶다. 성서 역시도 죄가 어떻게 생겨났는가를 알리는 책이 아니라 인간 세상 속에 보편적으로 만연된 죄를 설명할 목적으로 최초 인간 아담의 교만과 성적 타락으로부터 죄가 인류에게 유전되었다고 했을 것이다. 아담과 하와의 신화적 이야기는 부정할 수 없는 죄의 보편성에 대한 상상력 넘치는 이해의 산물이라 보면 좋을 것이다. 하지만 성서는 죄가 인간의 보편적 조건이긴 하지만 그것을 극복할 수 있는 힘과 책임이 인간에게 있음을 가르친다. 또한 성서가 말하는 죄는 악한 행위 속에만 있지 않고 인간이 행하는 선善 속에도 있다고 하며 인간의 성찰을 요구하고 있다. 또한 죄는 인간 개인의 산물만이 아니라 공동체적 즉 사회구조적 차원으로도 설명하고 있으며 그에 대한 맞섬을 요구한다.

5. 그럴 경우 기독교는 궁극적으로 어떤 인간상을 구현시키고자 하는가

기독교 신앙은 인간이 예수 그리스도 안에서 새로운 존재가 되는 것을 궁극적 구원의 모습이라 가르친다. 내 안에 내가 있지 않고 그리스도가 있다고 고백함으로써 죄의 보편성으로부터 자유로울 수 있다고 믿기 때문이다. 이 경우 자유는 단순히 죄로부터의 자유만이 아니라 하느님과 동료들, 삼라만상 피조물들과의 관계를 새롭게 할 수 있는 적극적 자유를 뜻한다. 즉 기독교의 구원, 새로운 인간상은 결코 종교적 측면에서만 이해되지 않고 사회와 역사 나아가 자연 전체를 새롭게 할 수 있는 주체로 불리어졌기 때문이다. 독일의 신학자 본회퍼 목사는 이런 새 인간상을 '타자를 위한 존재(Being for Others)'라고 한마디로 정리해 주었다. 다시 말하지만 기독교인이 된다는 것은 예수 그리스도 안에서 새로운 인간이 된다는 것이다. 사도바울이 말했듯 옛사람이 죽고 새사람(Sein in Christo)이 되는 일이다. 기독교 신앙은 이런 새로운 인간상을 믿음, 소망, 사랑의 시각에서 정리한다. 즉 기독교인은 우선 예수를 통해서 은총으로 다가온 하느님의 용서하시는 사랑을 믿어야 하고, 인류를 위해 예수가 십자가에 달렸듯이 우리도 그 사랑에 상응하는 사랑의 삶을 살아야 하며 인류가 현실의 모순된 구조와 악의 고통 속에 살고 있으나 장차 세상이 하느님의 약속에 의해 온전히 변화될 것이란 소망을 품는 존재여야 한다는 것이다. 결국 그리스도 안에서 사는 인간 즉 이 세상에서 뜻을 품고 사는 사람이라면 이기심으로부터 자유롭게 된 인격으로 이웃과 결속하여 새 세상을 꿈꾸는 일에 참여해야 할 것이다. 이 일은 기독교만의 전유물이 아니라 누구와도 손잡고 함께해야 할 과제가 될 것이다.

이제까지 우리는 기독교 경전으로서의 성서, 삼위일체 하느님 그리고 창조신앙과 악의 문제, 끝으로 하느님 형상으로서의 인간 이해를 다루었다. 하지만 이것만으로 기독교인의 신앙 체계를 다 말했다고 할 수 없다. 이에 더해서 다음 마당에서는 기독교인들이 주님으로 고백하는 예수 그리스도, 성령, 종말(하느님 나라) 그리고 교회 공동체 등의 주제를 다룰 것이다.

다섯째 마당

기독교인은 무엇을 믿는가 II
: 기독교 신앙의 학문 체계에 관하여

첫째 주

기독교 신앙의 근거와 기준으로서의
예수 그리스도

1. 도대체 예수는 누군가 - 하느님의 아들인가, 하느님 자신인가

앞에서 언급한 내용대로라면 예수는 삼위일체 구조 속에서 의당 하느님과 동일한 본체라고 고백되어야 옳다. 그러나 이런 고백은 추상적이다. 성서에서 역사적 인물로서 예수의 활동상을 찾을 수 있기에 그 본질에 있어 하느님과 같다고 말하는 것은 납득하기 어려운 문제일 수 있다. 그러나 이런 고백은 당시 희랍철학이 성행하던 시기에 기독론 즉 예수의 신성을 강조하기 위해 그리스철학의 핵심 개념인 본질과 본체 개념을 빌어 예수를 그렇게 표현했다고 보면 좋겠다. 물론 역사적 예수의 모습을 객관적으로 온전히 알기도 어렵다. 성서에 나타난 예수상도 실상은 예수 사후 짧게는 30년 길게는 70년 이후 기억과 전승에 기초해 서술한 것이기에 순수 역사적(객관적) 사실일 수 없는 까닭이다. 그럼에도 예수를 하느님 아들 내지 하느님 자신으로 믿는 기독교 신앙 속에는 예수가 인간을 위한 구속주가 된다는 확신이 내재하고 있다. 인간 구원에 있어 예수가 결정적이란 의미에서 예수는 하느님과 본체상 같다고 기독교 신앙은 고백하고 있다.

2. 만약 예수에 대한 고백이 객관적이 아닌 경우 그것이 어찌 절대적일 수 있는가

역사적 사실이 아니라는 이유로 그것이 절대적이 아닌 것은 아니라 생각한다. 마치 자신의 어머니가 실제로 세상에서 제일 아름다운 여인이 아닐 지라도 자식의 입장에선 그 어머니를 가장 아름다운 존재로 고백하는 것과 견줄 수 있을 것이다. 하지만 기독교인들은 그리스도에 대한 절대성을 교리적, 사실적 절대성으로 과신하는 나머지 역사상 많은 오류를 범했던 것도 사실이다. 예수가 남성이었다는 이유로 여성 비하적인 가부장주의를 고착시켰고 유대인들이 예수를 죽였다는 이유로 반유대주의를 추동하였으며 예수를 절대화한 나머지 선교를 목적하여 제국주의적 식민주의 정책을 폈다. 이 점에서 기독교인들이 예수를 절대적으로 신뢰한다는 것은 타자와 비교하여 그렇다는 입장보다는 자신에게 있어서는 비교할 수 없을 만큼 무제약적인 존재라는 방식으로 이해하면 좋겠다. 본 주제는 이후 논의할 종교다원주의 사조와 관계되는 부분일 것이다. 사실 성서 안에서도 너무나 다양한 예수상을 만날 수 있기에 그에 관한 특정 교리에만 집중할 필요는 없다고 생각한다.

3. 그렇다고 해도 예수와 하느님의 관계는 이웃종교의 입장에서 이해하기 어려운데

예수를 하느님과 실체론적으로 같다는 '동일본질'을 이웃종교인들이 쉽게 수용할 수 없을 것 같다. 앞에서 설명한 대로 예수의 구원론적 특성의 중요성 때문에 그를 하느님과 같이 본다는 설명도 그다지 설득력이 없을 수도 있다. 기독교 전통 안에서도 이에 대한 논쟁이 많이 있었다. 예수를 하느님과 같다고 보는 입장과 하느님과 예수는 결코 같지 않다는 입장 간에 엎치락뒤치락 많은 논쟁이 있었던 것도 사실이다. 결국 전자의 입장이 후자를 이단으로 내몰며 교회 정치적으로 승리해 지금까지 그 전통이 이어지고 있다. 삼위일체 신론은 바로 예수가 하느님인 것을 강조하기 위한 방편이었다고 해도 과언이 아니다. 하지만 최근 종교다원주의가 대두되면서 신 중심적 입장이 다시 강세를 띠고 있다. 언표 불가능한 실재(신)가 상이한 풍토에서 각기 달리 명명되고 있다는 사실이 비판을 받고 있음에도 여전히 회자된다. 사실 성서적으로도 이런 입장은 크게 틀리지 않다. 복음서의 예수는 하느님을 향해 아버지라 불렀기 때문이다. 예수에게서 보여지듯 본래 하느님 신앙 종교였던 기독교가 예수를 하느님이자 구세주로 고백하는 종교로 변한 것은 후대의 일이다. 이런 변화로 인해 기독교는 유대교나 이슬람교와 크게 달라지기 시작했다. 다석 유영모 같은 이는 예수만 하느님 아들이 아니라 우리 모두가 하느님 아들이라 했다.

4. 예수가 완전한 인간이면서도 완전한 신이란 말의 뜻을 어떻게 이해해야 하는가

예수가 완전한 인간이란 사실은 대단히 중요하다. 당시 가현설(영지주의)의 영향으로 예수의 인간성이 위협받았기에 초대교회는 예수의 인간성을 크게 강조했다. 그가 인간의 몸을 입지 않았다면 인간을 구원할 수도 없었을 것이다. 하지만 그가 인간이었다는 것은 전혀 새로운 인간이어야 함을 의미한다. 단지 우리와 같은 인간만이 아니라 하느님과 이웃의 관계에 있어 전혀 새로운 규범이자 약속이기도 한 것이다. 이 점에서 예수는 인간만이 아니라 하느님이기도 하다. 이런 약속과 규범으로서 새로운 인간상은 예수 안에서의 하느님 활동인 까닭이다. 그래서 우리 인간이 예수 안에 거할 때 동시에 우리는 하느님의 현존을 체험할 수 있다. 다시 말해 예수는 인격의 통일성을 이룬 분이란 사실이다. 예수 안에 있는 하느님이 그에게 새로운 인격성을 부여했고, 예수는 그런 요청을 온몸을 바쳐 실현시켰기에 신인神人 합일된 존재라고 말할 수 있다 이것은 희랍철학이 본질(실체) 개념으로 신인합일神人合一을 말한 것과 달리 의지의 차원에서 신인합일의 경지를 달리 나타낸 것이다. 이 점에서 다석 유영모 같은 이는 제 뜻 버려 하늘 뜻 구하는 사람이 예수였고 누구라도 그리하면 하느님 아들이 될 수 있다고 말한 바 있다. 그리 못하는 것이 문제이지 그리 될 수만 있다면 얼마나 좋겠는가를 반문했다.

5. 그렇다면 예수는 어떤 일을 했는가, 단순히 인간의 죄를 구속(대속)하기 위해 온 것인가

지금까지 서구 기독교는 지나칠 만큼 예수의 속죄 역할만을 강조해 왔다. 죄인 된 인간을 구원하기 위해 십자가에서 피 흘려 죽으셨다는 것이 대속론(속죄론)의 요지이다. 여기에는 인간의 전적 타락이 전제되어 있고 인간 스스로 선해질 수 없다는 전 이해가 자리한다. 그러나 성서는 예수의 역할로서 예언자적 혹은 세상의 악에 대한 왕적 통치를 강조한다. 인간 내면의 죄를 치유하는 속죄자만이 아니라 세계 내 정치, 우주적 차원을 의롭게 통치하는 왕적인 존재라는 것이다. 따라서 예수는 인간의 죄를 대신하기 위해 죽은 존재가 아니라 하느님 나라에 대한 열정 때문에 세상의 거짓된 위정자들(로마제국)의 손에 처형된 것이라는 정치 신학적 논의도 계발되고 있다. 최근에 미국에서 활발하게 연구되는 역사적 예수 연구가들이 바로 이 점을 명쾌하게 밝혀주고 있다. 여기에는 죄와 구원이 단순히 사적인 개념만이 아니라 사회 및 우주 공동체적 차원에서 생각되어야 할 부분이 있음을 환기시킨다.

둘째 주

신앙적 그리스도와 역사적 예수는 어떻게 상호 구별되는가

1. 최근 기독교 신학 안에서 역사적 예수에 대한 연구가 르네상스를 이룬 배경을 말해 달라

본래 기독교는 예수의 역사성, 곧 그가 참 인간이었음을 강조하는 종교였다. 그러나 점차 그를 본질상 신으로 숭상하는 교리적 종교로 변화되면서 그의 인간성과 역사성이 많이 퇴색되었다. 죄인 된 인간을 구원하는 신앙의 그리스도에게로 무게 중심이 옮겨지면서 인간의 몸으로 사셨던 복음서의 예수상이 실종되어 버린 것이다. 대표적으로 기독교 교회가 예배 시마다 고백하는 사도신경에는 예수의 태어남과 십자가에서의 죽음에 대한 고백은 있으나 33년간의 공생애에 대한 이해가 전무하다. 이는 기독교가 본래 영지주의 내지 가현설과 대척 관계에 있었으나 어느덧 가현설에 빠져 버렸음을 보여준다. 예수의 죽음은 그의 삶에 대한 이해 없이는 이해될 수 없음에도 말이다. 하느님을 아버지라 부르며 그와 하나 된 삶을 살고자 했던 예수가 사라지고 오직 그만 믿으면 죄에서 구원받고 축복된 인생을 산다는 신앙의 그리스도만이 교회 안에 팽배하게 되었다. 바로 이런 정황에서 미국 내 성서학자들은 역사적 예수에 대한 물음과 탐구를 다시 시작했다. 비록 예수의 역사적 근원 자체를 파악할 수 없다는 것이 지금까지 정설이었으나 이들 성서학자들은 고대 언어를 습득했고 고고학의 도움을 받아 기독교 밖에서 전승된 기독교 자료들을 읽어 가면서 역사적 예수상을 어느 정도 다시 회복시킨 것이다. 역사적 예수는 일차적으로 죄를 구원하는 그리스도가 아니라 오히려 하느님 나라에 대한 열정 때문에 당시 지배 체제였던 로마와 그에 빌붙었던 종교들을 향해 민중을 위해서 정의를 외치다 돌아가신 분이었다. 모두에게 공평한 하느님 나라에 대한 열정이 역사적 예수상의 본질이었던 것이다. 물론 신앙의 그리스도 역시 틀렸다고는 볼 수 없다. 그것 역시 후대에 생겨난 기독교 역사의 일부분인 까닭이다. 역사적 예수와 신앙의 그리스도는 양자택일로 받아들여야 할 사안은 아니나 신앙의 그리스도에 대한 이해만이 한국 교회의 전부가 된 정황에서 전자를 강조하는 것이 더욱 필요한 일이라 생각한다.

2. 역사적 예수를 연구하는 대표적 신학자 한 사람을 소개하고 그 핵심 생각을 말해 달라

최근 한국에는 마거스 보그란 성서학자의 역사적 예수 연구물들이 많이 번역 소개되고 있다. 보그를 비롯한 역사적 연구가들은 대개 교파 신학대학 안에서 가르치기보다는 일반 대학교 종교학과에 적을 두고 있기에 교리 및 교권으로부터 비교적 자유롭게 연구할 수 있었다. 특별히 보그의 시각은 그간 기독교 신앙이 예수 ⇨ 초대교회 예수 체험 ⇨ 교회(교리)화 과정 ⇨ 이천 년 신학 전통 ⇨ 오늘의 교회로 이어지는 과정을 생략하고 예수로부터 오늘 우리에게 직접 전해지는 메시지를 발견하는데 있다. 물론 역사적 예수를 만나는 것에 100% 정확도를 기대할 수 없을지라도 중간 과정을 접고 역사적 예수와 직접 부닥트리려는 시도는 대단히 신선하고 충격적이기까지 하다. 여기서 중요한 것은 오늘날 계몽주의 세례를 받은 현대인들은 예수를 사로잡았던 하느님의 영에 대한 감각이 대단히 퇴화되었다는 사실이다. 당시 예수가 받았던 영을 오늘 우리가 경험하는 것이 역사적 예수를 이해하는 지름길이란 말이다. 이를 일컬어 보그는 영기독론이라 칭했다.

3. 그렇다면 마커스 보그는 예수를 어떻게 새롭게 이해했는가

그는 오늘날 교회에서 통용되는 예수 그리스도 이해와는 전혀 다른 방식으로 예수를 보고자 한다. 예수는 당시 유대교 전통 하에서 인습화된 지혜에 맞서 싸웠던 분으로서 그것을 극복하는 대안적 지혜를 찾고자 했던 분이다. 로마 지배 체제 하에서 유대교는 하느님 영을 말살하는 인습적(교리적) 지혜로 인해 예수와 같이 창조적 비전을 지닌 인물을 수용할 수 없었다. 예수 자신은 하느님과 인간 사이를 매개하는 어떤 종교적 질서, 체제, 성직 등을 일체 인정하지 않았던 것이다. 이들 간의 직접적 관계를 강조한 것이 핵심이다. 그러나 당시 유대교는 하느님을 거룩의 표상으로 이해했고 그 거룩함을 지키는 수단으로 수백 가지의 율법(금지 조항)을 만들어 놓았다. 성전과 여타의 공간을 분리했고 안식일과 일상의 시간을 나눴으며 유대인과 이방인, 남자와 여자, 정상인과 장애인의 구별을 당연시했다. 율법이란 이런 이분법적 구조를 유지하는 수단이었다. 그러나 정작 예수는 유대교의 정결법이 설정한 이런 구도를 깨는 것을 자신의 사명으로 삼으셨던 분이다. 안식일이 사람을 위해 있는 것이지 사람이 안식일을 위해 있지 않다고 말씀했고 두세 사람이 모인 곳이 예배처라 했으며 자신을 죄인과 창기들의 친구라 하셨던 분이다. 다시 말해 예수의 하느님은 이분법에 토대한 거룩의 존재가 아니라 의인에게도 악인에게도 햇빛과 비를 함께 내리시는 사랑(자비)의 존재였던 것이다. 결국 예수는 당대의 인습적 지혜에 도전했고 바로 그 이유로 인해 로마와 결탁된 종교 지도자들에 의해 십자가 처형을 당한 것이다. 이 점에서 보그는 만약 오늘의 교회가 예수의 대안적 지혜를 따르지 않고 인습적 지혜에 머문다면 예수가 이 땅에 다시 온다 해도 또다시 십자가의 죽음을 당하실 것이라 했다. 만약 오늘날 교회가 율법과 규례를 통해 인간의 약함과 부족함을 부각해 그 죄만을 드러내고 그것을 근거로 구원을 약속하는 일을 반복한다면 그것은 예수가 부쉈던 유대교의 성전과 다름없을 것이다.

4. 역사적 예수가 말하려는 요지를 다시 한 번 정리해 달라

아무리 한강이 넓고 화려한들 그곳의 물을 마시려고 머리 숙이는 사람은 없을 것이다. 하지만 강원도 깊은 산골의 시냇가에선 누구라도 머리 숙여 그 물을 마시려 할 것이다. 종교도 마찬가지 아닐까 생각한다. 이천 년 역사를 지속하는 동안 비본질적인 것들이 너무도 많이 신앙 속에 자리 잡았다. 하여 많은 이가 예수는 YES 그러나 교회는 NO라고 말하는 이유가 분명히 있는 것이다. 역사적 예수 연구가들은 결국 기독교가 죄인을 구원하는 종교가 아니라 예수와 같이 하느님 영에 취해 인습화된 질서에 예속되기보다 대안적 가치와 문화를 활성화 하는 예수의 제자 된 삶을 사는 사람들의 종교가 되기를 원하고 있다. 예수가 특별한 기적을 행해서 귀한 것이 아니라 그가 품었던 비전 자체가 오늘 우리에게 은총이기 때문이다. 예수의 제자가 된다는 것은 그런 비전에 뜻과 마음을 다해 반응하는 일일 것이다. 예수의 제자 직은 결국 하느님의 영을 받는 일인 동시에 기존 문화에 순응치 않고 그를 극복하는 삶을 살아내는 일이다. 오늘 우리 문화가 무한 경쟁의 자본주의 현실에 젖어 있다면 그를 벗어나는 삶의 양식이 종교인들 속에서 만들어져야 한다는 것이다. 지금까지 풍요, 성취, 축복 등의 인습적 지배 가치가 교회에서 통용되어 왔다면 예수의 제자 직은 단연코 그것이 예수와는 무관한 것임을 선포해야 옳다는 지적이다.

5. 이런 역사적 예수 연구물에 대한 교회의 반응과 신학적 정당성 여부를 알려준다면

당연히 한국 교회가 이런 역사적 예수 결과물을 좋아할 리 없다. 어쩌면 역사적 예수는 한국 교회에는 불편한 진실일 수도 있을 것이다. 그러나 역사적 예수 역시도 신학적으로 전적으로 정당한 것이라 말하기에 난점이 없지 않다. 신학자 모두가 동의하는 것이 아니라 일부의 의견인 까닭이다. 하지만 가치다원주의 사회를 사는 작금의 현실에서 그 의미가 결코 작지 않다고 생각한다.

셋째 주

기독교인에게 성령은 도대체 무엇인가
: 인격적 존재인가 역동적 힘인가

1. 기독교가 중시하는 성령강림절의 의미가 궁금하다

해마다 대개 5월중에 전 세계 기독교인들의 축제인 성령강림주일이 있다. 성탄절, 부활절과 함께 3대 축제일에 해당하는 것으로서 예수 그리스도가 십자가에 달려 죽으셨으나 다시금 부활하셨고 지금 우리와 함께 한다는 믿음이 기독교인에게 중요한 까닭이다. 분명 기독교는 부활의 예수께서 자신의 되살아남을 제자들에게 보인 후 다시금 하늘 아버지께로 돌아갔고 자신을 대신하여 성령을 보냈음을 확신한다. 예수가 없는 이 세상에서 성령이 그의 역할을 하는 것으로 슬퍼하는 자를 위로하고 인간의 삶을 거룩하게 하며 무엇보다 성령은 불고 싶은 대로 부는 바람과 같은 이미지를 지닌 것으로서 인간이 만든 벽과 담장들, 특히 교리와 같은 것을 허물 수 있는 신적인 힘으로 경험된다. 성령강림절의 기원은 사도행전에 기록되어 있는바 예수 죽음 후 마가의 다락방에서 무서워 떨던 제자들에게 성령이 임했고 죽음을 무릅쓰고 예수를 이방인들에게 증거 하자 서로 언어가 달랐음에도 소통되었던 사건에서 비롯한다. 이것은 구약성서에 수록된 바벨탑 사건과 여실히 대비된다. 인간이 탑을 쌓아 스스로 하늘에 이르려 했으나 하느님께서 인간 언어를 갈라놓아 소통을 단절시켰고 결국 그 탑을 허물어 버렸기 때문이다. 따라서 불통의 세상에서 소통의 세상으로 변했다는 대단히 희망적인 메시지를 담고 있는 것이 성령강림절의 특징이라 하겠다.

2. 사실 하느님이나 예수 그리스도는 많이 들었어도 성령이란 것은 대단히 낯선 개념인데

사실 기독교 전통 안에서도 성령은 삼위일체라는 틀을 사용했음에도 상대적으로 소홀하게 취급된 것이 사실이다. 예수 죽음 이후 교회가 유대교 성전을 대신하여 생겨났고 그것이 제도화되는 과정에서 강력한 성직 제도가 요청되었다. 당시 '교회 밖에는 구원이 없다'라는 말이 만들어질 정도로 교회 제도는 막강했고 그 안에 있던 성직자들 역시 대단한 권위를 갖고 있었다. 이런 정황에서 개개인들에게 임하는 성령의 빛에서 종종 성직자 권위에 도전하는 신앙인들이 생겨나기도 했다. 성직자의 중개 없이 하느님과 직접 교제할 수 있는 힘을 요구했고 실상 이런 바람은 결코 잘못된 것이 아니었음에도 교회는 이를 위험하게 여긴 나머지 급기야 이단이라 하여 교회로부터 추방했던 것이다. 또 대략

A. D. 1054년 경에 동·서방 기독교가 성령론 문제로 분열되는 아픔을 겪었다. 성령이 아버지로부터 오는가 아니면 아버지와 아들에게서 동시적으로 오는가에 대한 교리적 문제로 말미암은 것이다. 이런 논쟁 이면에는 상당한 내용이 담겨 있다. 성령이 아버지로부터 온다는 것은 성령이 교회 안팎 곧 도처에서 체험 가능하다는 것과 개별적으로 신과 관계할 수 있는 신비주의적 신학 체계의 인정과 맥을 같이한다. 반면 성령이 아버지와 아들로부터 온다는 것은 교회 중심주의 나아가 성직자 중심주의를 심화하는 계기가 되었다. 예수라는 중보자를 통해서만 구원이 가능하고 그 구원은 교회 안에서 성직자들에 의해서 집행되어야 하는 까닭이다. 신비주의가 전적으로 부정되는 것도 이들 특징의 하나이다. 러시아정교회가 전자를 대표하고 후자는 로마가톨릭교회를 통해 종교개혁을 거쳐 지금껏 한국에도 압도적 영향을 미치고 있다. 이처럼 교회 제도와 불편한 관계에 있었던 탓에 성령을 상당히 소홀하게 다뤘으나 지금은 점차 성령론이 강세를 띠는 반전현상이 일어나고 있다. 생태계의 위기 등을 경험하면서 성서가 말하듯 만물 속에 있으면서 만물을 통해 일하시는 하느님은 성령을 통하지 않고는 달리 이해될 수 없기 때문이다. 1992년 호주 캔버라 WCC 대회의 주제가 '성령이여 오소서, 전 우주를 새롭게 하소서' 였음이 이런 요즘 추세를 잘 보여주고 있다.

3. 그렇다면 인간이 성령을 받는다는 것의 의미는 무엇인지

교회에 나가면 흔히 듣는 말이 '성령을 받아라' 하는 말일 것이다. 그만큼 일상적으로 교회 안에서 많이 사용하고 있다. 앞서도 말했듯이 성령은 인간에게서 예전에 전혀 경험하지 못했던 힘으로 드러난다. 두려움에 떨며 예수에 대해 입도 열지 못하던 사람들이 성령강림을 체험한 이후 입을 열었고 사마리아와 땅끝까지 이르러 예수를 증거하는 제자들이 될 수 있었기 때문이다. 종종 성령 체험으로 병자를 고치고 악령을 추방하는 일도 벌어진다. 하지만 무엇보다 중요한 것은 성령은 사적인 힘이 아니라 언제든 공동체적이라는 것이다. 성령 체험 이후 오히려 인간은 더 타락할 수도 있다. 불교의 경우 깨달았다는 것이 방종으로 드러나듯이 말이다. 분명 한 인간을 변화시키는 힘이지만 항시 공동체를 위해 그리된 것임을 망각해서는 안 될 것이다. 바로 이를 위해 성령의 은사에 대한 이해가 중요하다. 성령은 인간의 삶을 위해 다양한 카리스마를 부여한다. 가르치는 일, 봉사하는 일, 말씀 전하는 일, 분별하는 일, 예언하는 일 등 일상에서 필요한 다양한 은사를 특별하게 선사하는 것이다. 주지하듯 이런 다양한 은사는 저마다 중요하나 결국 인간의 상호의존성을 환기시킨다. 서로가 서로에게 필요한 것을 공급하고 지원하며 아름다운 공동체를 만들어 가는 것이다. 그렇기에 성령강림절은 우리에게 공동체의 의미를 되돌아보게 한다.

4. 특별히 여성 신학자들의 경우 성령이 여성적 이미지라 하여 각별한 관심을 기울이는데

지금껏 모든 종교는 원리상 남녀차별을 공식화하지 않았으나 실제로는 가부장적 구조 속에 있는 경우가 많았다. 기독교도 예외가 아니다. 아니, 심하다고 보는 것이 옳다. 언어의 한계란 곧 세계관(종교)의 한계란 말이 있다. 역사적 인물인 예수가 남성적이기에 하느님 역시 남성적으로 나타낼 수밖에 없었다. 기독교인들은 하느님을 언제든 아버지라 명명해 왔다. 바로 이것이 남성 성직자들에게 큰 특권이 되었다. 지금껏 가톨릭은 여성 사제를 인정치 않았고 인정한다 해도 남성 사제와 달리 실제 목회 활동에 많은 불이익이 존재했다. 그래서 여성 신학자들 중에는 '남성의 그리스도가 과연 여성을 구원할 수 있는가?'를 심각하게 묻기도 했다. 이런 맥락에서 성령이란 말의 히브리 언어 '루아흐'가 여성명사란 것이 여성 신학자들에게 특별히 소중하게 여겨졌다. 물론 이 말이 희랍 시대를 거쳐 로마의 지배 하에서 중성인 '푸뉴마', 남성인 '스피리투스'로 변화되었으나 그 원천에 있어 여성적이란 것은 의미 깊다. 21세기를 성령의 시대라 할 만큼 성령론이 강조되고 있는바 이는 여성의 입지를 높이는 방식과 결코 무관치 않다.

5. 성령에 따른 기독교인 삶은 칭의, 성화 그리고 소명이다

결국 성령은 기독교인의 삶이란 항시 은총에 기초하고 있음을 각인시킨다. 하느님께서 주시는 능력에 힘입어 가장 자유롭게 살되 궁극적으로 예수 그리스도를 닮아가고 새로운 세상을 꿈꾸며 살라는 것이다. 이를 위해 기독교는 칭의, 성화 그리고 소명을 순차로 말하고 있다. 먼저 칭의는 부족한 자신의 허물을 벗는 것으로서 자신보다 더 큰 사랑의 힘 속에 자신이 수용되어졌음을 믿는 일이다. 말 그대로 칭의는 여전히 죄인임에도 의롭게 인정받았다는 것으로 새로운 삶을 시작할 수 있는 자유로운 상태에 대한 고백이다. 성화란 기독교인으로 성장하는 과정에 대한 언어이다. 이 세상에 살면서 예수를 닮고 하느님의 온전하신 모습을 이루는 과정인 것이다. 무수한 시행착오가 있겠으나 그때마다 성령이 함께하기에 지난한 과정을 걸을 수 있는 것도 사실이다. 마지막으로 소명은 기독교인의 삶 속에 목적이 있음을 환기시킨다. 정의, 평화 그리고 창조 질서 보전이 인간이 살아야 할 이유이다. 이를 하느님 나라 운동이라 하고 교회 역시 이를 위해 존재한다.

넷째 주

기독교인에게 교회는 새로운 공동체 운동이다

1. 하느님 나라 대신해 생겨난 교회, 왜 교회를 사람들이 No라 하는가

흔히들 교회(종교기관)와 군대를 인간이 가장 많이 모인 집단적 공간이라 한다. 군대란 자신의 의지와 무관한 강제적 기관인 반면 종교 공동체는 종파를 막론하고 자발적으로 모인 곳이다. 개인주의적 삶이 판치는 현실에서 공동체가 형성된다는 것은 참으로 놀라운 일이다. 초대 기독교인들은 예수의 사후 즉시 하느님 나라가 이 땅에 임할 것을 믿었다. 소위 임박한 종말론이 그것이다. 하지만 하느님 나라 대신 역사 속에 등장한 것은 교회였다. 그만큼 교회는 하느님 나라 그 자체는 아니겠으나 그 의미를 충분히 드러낼 책무가 있는 것이다. 그러나 오늘 교회가 세습되고 사고 팔리는 사유재산이 되어 하느님 나라를 붕괴시키고 있다. 사회가 오히려 교회를 걱정하는 불행한 현실인 것이다. 교회란 이 땅에 사

는 사람들이 한 번도 경험치 못한 공동체를 일구라는 명령이라고 생각한다. 그것이 바로 세상을 구원하는 일일 것이다. 사적인 인간 영혼만 구원받는 곳이 아니라 전혀 새로운 공동체가 되는 것이 바로 기독교적 구원이다. 이 점에서 오늘의 교회는 너무도 하느님 신앙에 역행하는 바가 많다. 교회의 조직과 체계가 불가피할지라도 그것을 오용 내지 과신하지 말아야 할 것이다. 그 옛날 어거스틴이 '만약 교회가 없었더라면 나는 예수를 믿지 못하였을 것이다'라고 했듯이 오늘의 교회도 그런 역할이 필요하다. 성도들에게 좌절과 분노를 안겨주는 교회라면 성도들이 등지지 않겠는가?

2. 교회의 본질을 말하기 앞서 문제점을 다시 한 번 생각해보면

현실 교회는 공동체라기보다는 사적, 개인적 기복의 공간처럼 이해되고 있으며 마치 기업처럼 목사들의 사유물로 전락했고 성직자 중심의 관료주의적 체제와 조직을 갖고 있으며 기업 경영 방식이 도입되어 성도들을 교회 유지 수단으로 도구화하는가 하면, 신앙과 실천의 괴리가 너무도 커서 구원 받은 자의 모습이 실종되고 있다. 이것이야말로 현실 교회의 본질적 문제라 하겠다. 하여 종교개혁 500주년을 앞둔 시점의 한국 교회는 '교회를 교회답게 할' 책임을 분명하게 걸머져야 한다. 이제 막 120년을 지난 한국 교회가 그동안의 공을 오히려 화로 돌릴 만큼 폐해를 드러내는 상황에서 새로운 각오가 필요한 것이다. 이웃종교로 향했던 분노의 열정을 이제 자기 자신에게로 향할 때가 된 것이다. 이 기회를 놓친다면 우리 민족은 기독교 자체를 거부할 수도 있을 것이다. 교회에 생명을 주었던 복음에 대한 새로운 이해가 생겨나기를 소망한다.

3. 어찌 그리도 많은 기독교 교파가 있는지 그것도 이해하기 어려운 사안인데

평생 기독교에 몸담고 살아온 신학자인 필자도 얼마나 많은 교파가 있는지 알 수 없을 정도이다. 먼저 가톨릭과 희랍정교회가 나뉘었고 이후 개신교가 나왔으며 그곳에서 장로교,,성공회, 감리교단 그리고 성결교가 생겼다. 그리고 각 교단으로부터 또다시 수많은 분파가 생겼다. 여기에는 긍정적인 현상과 부정적인 현상이 공존한다. 긍정적인 것은 성서 해석의 자유를 맘껏 활용할 수 있다는 점일 것이다. 하나의 해석만 정답일 수 없고 다양한 이해가 자신들이 처한 상황과 풍토에서 생겨나게 마련이다. 최근 기독교 내에서 교회일치(에큐메니칼) 운동이 전개되고 있는데 이는 자연스런 현상이다. 하지만 이것이 자신만을 절대화하고 남을 정죄할 경우 교회들은 공통분모를 상실할 수 있다. 하여 최근 교회는 교회일치 운동에 중점을 두고 있다. 이런 점을 극복하기 위해 예부터 교회는 '하나이고 거룩하며 보편적인 사도의 교회'라는 도식을 만들어 왔다. 아무리 교회가 여러 분파로 나뉘었더라도 교회는 한 성령 안에서 생겨난 것이기에 통일성이 있다는 것이며 그리스도 안에서 삶과 죽음의 길을 따르기에 항시 거룩하고 흑인이든 장애우든 동성애자이든 간에 모든 종류의 사람을 포용할 만큼 보편적이어야 하며 마지막으로 하느님 나라를 전파하는 사도들의 전승을 따르는 교회가 될 것을 강조한 것이다. 이런 신조에 의거한 교회라면 정말 세상에서 아름다운 공동체로서 세상을 구원할 힘을 지닐 수 있다고 생각한다.

4. 그렇다면 현재 교회는 구체적으로 어떤 방식으로 존재할 수 있고, 존재해야 하는가

지금까지 교회는 대단히 협소하게 하느님의 구원 기관이란 의미로 이해되었다. 제도적인 구조를 만들고 성직자 제도의 활용을 통해 죄인들을 용서하는 권위적 기관의 이미지였다. 여기서는 사회적 책무, 복음의 우주적 측면이 간과되었다. 또 어느 경우는 성도들 간의 사교 공동체로 발전하기도 했다. 교회 재정으로 유치원, 취미 동아리 등을 만들고 친밀한 삶을 살도록 인도하고 영적 각성을 위해 힘쓰는 등 개인 간의 관계 증진을 도모하는 양식이다. 이 역시 필요한 일이긴 하나 이런 교회는 세상으로부터의 피난처는 될지언정 세상을 구원하는 공동체는 될 수 없다. 또 자신을 복음의 전령사로 여기며 선교를 중심하는 교회들도 늘어나는 추세이다. 죽음을 무릅쓰고 이슬람 지역 선교를 자원하는 경우도 많고 순교자의 삶을 살겠다는 열정을 중시하기도 한다. 그러나 이런 형태의 교회는 자신 밖의 세상, 종교들에 대해서 너무 적대적인 것이 문제이다. 세상의 다양성에 대해서는 일고의 가치도 두지 않고 있다. 이런 실상에 비해 최근 주목 받는 교회의 모델이 있다. 그것은 종 되신 주님의 모델이라 불린다. 예수께서 세상을 위해 종의 삶을 살았듯이 우리 역시도 교회 안에서 세상을 위해 살 수 있는 힘을 키우고 하느님 원하시는 해방의 일에 동참하는 교회의 모습이다. 오늘날 이주 노동자, 성 노동자 그리고 가난한 어린 아동을 위해 일하는 교회들의 숫자가 적지 않은 것도 그 실상 중 하나이다. 영적, 세속적 구별을 두지 않으며 정치적, 복음적인 것의 구별도 철폐하며 사회 구조적 문제에도 관심하는 교회의 모습이 더 많이 가시화될 수 있기를 소망한다.

5. 교회는 하느님 나라를 대신한다. 정말 그러한가

거듭 말했듯이 하느님 나라 대신 역사적 형태를 띤 것이 바로 교회이다. 그럼에도 기독교는 하느님 나라를 대망하는 종교이다. 지금껏 하느님 나라 소위 천국은 죽어서 가는 천상의 세계라고들 말했다. 그러나 하느님 나라는 그런 곳이 아니라 이 땅에서 질적으로 전혀 새롭게 이뤄지는 공간이다. 지금 이곳을 떠나서 달리 하느님 나라를 말 할 수 없다는 것이다. 이 땅이 전적으로 새로운 공간으로 바뀐다고들 믿어야 옳다. 교회는 전적으로 새로운 이런 세상을 선포하는 공간이다. 어린아이와 사자가 함께 뛰노는 곳이며 칼이 쟁기와 호미로 바뀌는 세상이다. 물론 아직도 저세상적인 천국, 죽어서 가는 내세를 강조하는 교회도 많다. 쉽사리 새로운 하느님 나라 사상이 설득력 있게 전파되기도 어려울 것이다. 이미 인습화되어 있고 자신들의 종교적 이기심과 깊이 엮여 있는 까닭에 새로운 생각들이 스며들 여지가 없을지 모르겠다. 하지만 교회는 하느님이 인간이 된 종교로서 성육화된 이 공간을 특별히 강조하는 종교이다. 이 세상을 우리는 셋방 살 듯 살 수 없다. 가꾸고 지켜서 전혀 다른 세상을 일궈내야 한다. 물론 우리 힘만으로 되지 않을 것이다. 그래서 하느님의 은총을 여전히 간구한다. 교회가 칭의, 성화, 소망을 강조하는 것도 이런 이유에서이다.

여섯째 마당

세계교회협의회(WCC)와 종교 간 대화

첫째 주

세계교회협의회(World Council of Churches)란 무엇인가

1. 2013년 WCC 부산 대회를 앞두고 한국 교계가 분주한데 도대체 그것이 무엇인지

전 세계 기독교 교회들이 교파를 막론하고 함께 모여 향후 7년간 세상을 위한 교회의 역할과 정책 그리고 신학을 정립하는 것이니만큼 그 의미가 중요하다 아니할 수 없다. 특히 7년 주기의 본 대회가 열 번째로 열리는 곳이 한국(부산)이니 한국 교회의 분위기가 한껏 고조된 것도 당연하다. 네덜란드 암스테르담에서 첫 모임(1948년)이 열린 후 인도의 뉴델리에서 바통을 이어갔다. 비기독교국가 즉 힌두교를 배경으로 한 인도에서 WCC가 열렸던 것은 바로 WCC의 존재 이유 중 하나가 다른 이념 및 이웃종교들과의 대화였던 까닭이다. 금번 10차 대회가 한국에서 열리게 된 것도 그런 측면이 없지 않을 것이나, 그보다는 유례없이 급성장한 한국 교회의 실상을 보고 배우려는 의도가 컸다고 생각한다. 부산과 경합했던 도시가 사도바울이 회심한 시리아의 수도 다마스쿠스였는데, 본인 생각으로는 그곳에서 10차 대회가 열려도 좋았을 듯하다. 목하 일어나는 시리아 내전을 접하면서 WCC 대회가 그곳에서 열렸다면 그곳 정치적 상황도 이처럼 나빠지지는 않을 것이기 때문이다. 그만큼 한국 부산에서 열리는 본 대회가 더 큰 의미를 지녀야 할 것이다.

2. 듣다 보니 궁금증이 하나 더 생겼는데, 개최지 후보 경쟁이 올림픽이나 월드컵처럼 심한지

운동 경기 개최만큼 심한 것은 아니지만 여하튼 세계 교회 대표자들의 모임을 자국에서 개최하려는 노력은 갈수록 더해지는 추세이다. WCC 유치를 위해서는 개최국 교회의 경제적 힘이 상당 부분 필요한바, 금번 한국이 개최지 후보로 결정된 것은 실상 한국 교회가 WCC 유치를 위해 기여할 수 있는 경제력 탓이란 말도 들린다. 앞서도 말했듯 제10차 WCC 대회는 비기독교 지역 두 곳에서 경쟁했는데 명분과 당위는 아랍 지역에 속한 시리아의 경우가 더욱 컸다. 아시아 지역에선 이미 인도에서 열렸기 때문이다. 주지하듯 시리아는 예수 시대로부터 지금껏 기독교 세력이 확장되던 곳으로 사도바울의 전도 여행 본거지이기도 했다. 이후 아랍 지역에 편입되면서도 아랍 문화에 동화되지 않고 어렵게 기독교 문화를 지켜온 곳이기도 하다. 하여 아랍 지역으로 기독교 선교를 할 경우 반드시 이들의 생존법 즉 아랍 지역에서 기독교인으로 존재했던 노하우를 배우면 좋을 것이다. 지금 대형 선교 단체가 순교를 각오하고 선교사를 보내는 그런 방식으로 이슬람과 기독교가 만나서는 안 된다. 사무엘 헌팅톤이 '문명의 충돌'이라고 표현했을 정도로 이슬람 문명과 기독교 간의 갈등이 첨예한 시점에서 WCC가 시리아에서 열린다는 것은 상당한 의미가 있었다. 하지만 시리아는 유치 경쟁에서 실패했다. 아마도 한국이 WCC 개최 비용을 다른 어느 나라보다 많이 담당할 수 있었던 것이 결정적 영향력을 미친 것 아닌가 생각한다.

3. 그런데 WCC 부산 대회 개최를 반대하는 기독교 측의 움직임도 감지되는데, 왜 그런 것인지

아, 그런 신문 광고도 있었던 것이 사실이다. 「국민일보」를 비롯한 몇몇 신문에는 WCC가 반反성서적이고 좌파적 사고를 갖고 있으며 구원이 기독교 밖의 종교에서도 가능하다고 함으로써 성서와 복음을 심각하게 왜곡시킨다는 이유로 엄청난 광고를 쏟아 부으며 언론 플레이를 하고 있다. 불행한 일이 틀림없으나 이 역시 오늘날 기독교의 한 단면이기도 하다. 사실 하느님은 세상 한가운데서 활동하시는 분이며 교회는 세상을 섬기기 위해 존재한다고 믿는 것이 WCC의 신학적 기본 입장이다. 하지만 동시대 기독교인들 중에는 하느님은 교회 안에서 거주하며 교회의 가르침에 순응하고 동의하는 자들만이 구원을 받을 수 있다고 생각하는 이들이 있다. 이런 사고를 갖는 기독교인들이 '세계 복음주의 연맹(WEA)'을 만들어 WCC와 대립각을 세워왔다. 바로 이런 입장을 지닌 한국의 기독교인들이 WCC 개최를 반대하고 나선 것이다. WCC는 기독교 자체의 신앙과 직제를 논하는 직무만큼이나 세상 속 이념들과 이웃종교들과의 관계를 중시하고 대화하는 역할을 중시해 왔다. 언제든 하느님이 세상을 통해 교회에 말씀한다는 입장을 견지해 왔던 탓이다. 그러나 현실 속 대다수 한국 교회는 WCC 측의 시각이 아니라 WEA의 원리를 선호해 왔다. 지난 20년 전 한국 교회가 교회 밖의 구원 문제로 변선환 학장을 종교재판 한 것도 이런 분위기가 지배적이었기 때문이다. 하지만 WCC 준비 위원회 측은 이런 난제를 해결하기 위해 보수 측 교회들을 설득하기보다 화합을 명목삼아 그들과 타협하며 WCC 정신을 오히려 훼손시키고 있어 걱정이다.

4. 혹시 한국 내 기독교 교회들 중 WCC에 가입한 교단이 어느 곳인지 궁금한데

이미 말했듯이 한국의 기독교 전래는 교파별로 그리 되었기에 보수, 진보 등의 입장이 혼재하고 있다. WCC 측을 에큐메니칼 진영이라 하고 WEA측을 복음주의 진영이라 명명하고 있다. 세계 교회 차원에서는 이들 두 진영이 함께 모인 적도 있었고 첨예하게 대립한 적도 많았다. 한국의 경우 WCC 가입 교단은 장로교 통합 측, 감리교, 기독교 장로회, 성공회, 구세군 등이 있고 몇 년 전에는 순복음 교단이 가입했다. 그리고 복음주의 계열에 속한 이들은 한국기독교총연맹(한기총)을 만들어 세를 결속시켰는데 역시 장로교 통합 측과 합동 측 그리고 성결 교단이 주축이 되고 있다. 주목할 만한 것은 가장 큰 교단인 장로교 통합 측이 WCC와 WEA 두 곳 모두에 가입하고 있다는 사실이다. 이것은 최근의 일로서

WCC 입장에선 상대적으로 세가 약해진 것이고 WEA 입장에선 더욱 입지를 강화시킨 것일 수 있겠다. 에큐메니칼 측인 한국 개신교 연합회(KNCC)는 순복음 교단을 가입시켜 세를 만회했다는 평가와 함께 본래 지닌 이념성을 약화시켰다는 비판도 함께 받고 있다.

5. 끝으로 한국에서 열리는 WCC 대회 의미를 간략하게 정리해 달라

어렵사리 성사된 WCC 대회가 한국에서 유종의 미를 거두려면 다음의 사안들에 유념해야 할 것이다. 무엇보다 한국 교회는 WCC 참가자들에게 한국이 기독교만이 아니라 유불선의 종교들이 살아 숨 쉬는 곳이라는 점을 각인시켜야만 한다. 흔히들 기독교 중심적 사유에 젖어 있는 서구인들에게 아시아의 종교성이 세계의 미래를 위해 얼마나 기여할 수 있는가를 이 땅의 종교들과 함께 증거 해야 옳다. 인도가 힌두교 하나만을 종지로 삼고 있다면 한국은 더욱 풍부한 인류의 정신적 유산을 갖고 있으며 더욱이 중국이 부상하는 현실에서 유교의 중요성이 더한층 강조될 필요가 있다고 생각한다. 다음으로 한국이 유일한 분단국가임을 강조하여 WCC가 분단을 통일로 化할 수 있도록 세계 교회의 힘이 결집될 수 있기를 바란다. 세계 유일의 분단국가에서 기독교 대회가 열리는 것이 얼마나 신학적으로 유의미한 것인지를 설명해야 한다. 마지막으로 이곳은 20년 전 JPIC세계 대회가 열린 곳이다. 정의, 평화, 창조의 보전이야말로 기독교 정신이 실현되었는가를 알리는 지표인 것인데 이곳에서 그 주제가 다시 토론되어 구체적으로 핵 발전과 같은 것이 사라지는 계기가 될 수 있다면 좋을 것이다.

둘째 주

종교 간 만남에 대한
역대 WCC 대회들의 입장들

1. WCC가 종교 간 대화에 공헌했다는데 그 실상을 말해 달라

WCC 측의 종교 간 대화가 시종일관한 입장만을 갖고 있었던 것은 아니다. 매 상황마다 때론 진보적으로, 오히려 어느 경우는 보수적으로 회귀했던 적도 있었다. 하지만 어느 경우든 이웃종교들과 기독교를 관련지어 생각하려는 노력은 진지했다. 종교 간 대화에 있어 분수령이 된 것은 WCC를 태동시킨 1910년 영국 에딘버러에서 열렸던 선교사 대회였다. 당시는 선교사를 해외로 파견되어 암흑의 세상에 광명을 전하는 것이 기독교의 책무로 여겨지던 시대였으나 본 대회에서 최초로 기독교와 이웃종교 간 만남을 기독교 복음과 희랍 문명과의 조우 차원에서 이해한 것이다. 하지만 본 대회는 이웃종교를 어둠으로 보지는 않았으나 그렇다고 진정한 동반자로 본 것도 아니었다. 기독교가 아시아의 종교들에 이해되려면 어찌할 것인가를 고민하는 차원이었다. 당시 이런 입장이 반영되어 예수 그리스도가 힌두교의 열망을 온전히 성취할 것이라는 입장이 대두되었다. 이후 1938년 아프리카 탐바라 국제 선교사 모임에서 헨드릭 크레머라는 학자가 이런 우호적(?) 입장에 찬물을 퍼붓는 발언을 하였다. 예수 그리스도 안에서 주어진 유일무이한 계시에 견주어 이웃종교는 모두 인간적 종교라고 대별시킨 것이다. 기독교와 이웃종교들 간의 불연속성이 다시금 강화되었다고 하겠다. 이 두 모임은 WCC 발족에 있어 모태와 같은 것으로서 이후 WCC 종교 간 대화는 이렇듯 연속성과 불연속성의 두 차원을 오갔다.

2. 그러면 기독교가 힌두교를 완성시킨 종교라는 생각이 과연 대화에 있어 정당한가

이웃종교의 입장에서 들으면 대단히 언짢은 이야기일 것이다. 하여 1948년 WCC 암스테르담 대회에서 본격적으로 이웃종교들과의 관계를 정립하기 위해 직제를 만들고 전담 기구를 두었으며 바로 3차 대회를 인도의 뉴델리(1961)에서 열기로 결정했던 것이다. 이 모임에서는 정치적으로 신생국인 아시아 나라들의 종교적 경험을 청취하는 것이 대단히 중요한 것이며 그들과 더불어 공존하는 일의 중요성을 강조할 수 있었다. 헨드릭 크레머의 불연속성 이론에 대한 반론이 이 모임에서 구체적으로 제기되었다. 1968년 웁살라 WCC 총회에서는 제2차 바티칸 공의회의 결과물을 수용하여 진일보된 대화 이론을 수립할 것을 결의했고 종교 간 대화의 가시성을 맘껏 강조할 수 있었다. 대화를 통해 각자(기독교인)는 타자(이웃종교)들에 의해 도전을 받을 수 있고 변화를 받을 수 있다고 강조한 탓이다. 그러나 이런 적극적 분위기는 나이로비 총회(1975)에 이르러 다시금 후퇴하게 된다. 종교 간 대화가 종국에는 혼합주의(Syncreticism)에 빠질 수도 있다는 우려 때문이다. 예수 그리스도 안에 계시된 신적 사건의 유일무이성이 훼손되는 것을 두려워한 것이다. 기독교 선교가 위협받는 상황을 허락할 수 없다는 서구 백인 교회들의 반격인 셈이었다. 그러나 혼합주의란 어느 종교든 지지할 수 없는 것이 사실이다. 하여 WCC 측은 이웃종교인들과의 대화를 위한 기독교적 기초를 만들 필요가 있었다. 예수 그리스도에 대한 헌신을 포기하지 않으면서도 대화를 시도하기 위함이었다. 이런 시각은 이웃종교인의 시각에서도 긍정할 만한 일일 것이다.

3. 그럼에도 모호한 것은 대화를 하면서 선교가 가능한 것인지 묻고 싶은데

본래 대화란 전제 없이 오가는 것이고 너에 의해 내가 변할 수 있음을 인정하는 일인데 이것이 기독교 입장에서는 선교를 부정하는 일로 여겨질 수 있다. 이것이 대단히 중요한 문제가 되었다. 따라서 WCC는 대화와 선교의 관계를 다시금 명확히 할 필요가 있었다. 구체적 정황에서 대화는 더욱 필요한데 그렇다고 선교를 포기할 수도 없었던 탓이다. 이런 갈등 이면에는 이웃종교들 역시 하느님의 구원 활동의 통로가 될 수 있는가에 대한 신학적 문제가 있었다. 만약 그러하다면 선교는 의당 불필요해진다. 바로 이점을 1983년 벤쿠버 대회가 심도 있게 논의하였다. 기독교 신학이 아닌 종교 신학이란 말이 최초로 사용된 모임으로 기억된다. 그렇다면 양자를 함께 긍정할 수 있는 길은 무엇인가? 1991년 캔버라 총회를 앞둔 산 안토니오 준비 모임(1989)에서 이점이 집중적으로 다뤄졌다. 지금껏 이웃종교들을 바꾸려고 했다면 이제는 다원성에 직면하여 교회가 달라질 것을 주문한 것이다. "우리는 예수 그리스도 이외의 그 어떤 구원의 길도 가리킬 수 없다. 그런데 동시에 우리는 하느님의 구원하시는 능력을 제약할 수도 없다." 여기서 앞의 문장이 선교를 적시한다면 나중 문장은 대화의 필요성을 언급하고 있다. 그러나 이것 역시도 실상 애매한 표현이다. 기독교의 시각에서 만들어진 이웃종교에 대한 기독교 자기이해의 결과물이란 것이다. 이는 이웃종교들의 입장을 충분히 대변할 수 없다. WCC는 기독교적 시각에서 이웃종교들을 이해하는 방식을 추구했을 뿐 이웃종교 자체를 이해한 것은 아닌 까닭이다.

4. 만약 그런 경우 기독교는 왜 대화를 앞세우고 있는가, 선교가 숨겨진 아젠다라면

비록 선교를 포기할 수 없으나 기독교 입장에서 대화가 중요한 이유 역시 없지 않다. WCC측은 '네 이웃에 대해 거짓 증거 말라'는 것과 '네 이웃을 네 몸처럼 사랑하라'는 말씀에 근거하여 대화의 필연성을 강조한다. 따라서 대화를 통해서만 복음이 증언되고 선포될 수 있음을 강조했다. 선교란 대화의 자연스런 결과라는 것이다. 구체적으로 말하면 기독교인들이라 할지라도 마치 진리를 소유한 듯 처신할 수 없다는 것이다. 스스로를 보편적 진리를 지녔다고 자만하여 상대방을 자신의 일부로 여기지 말라는 것이다. 하지만 기독교인들은 이웃종교인들에게 자신의 독특한 경험을 온전하게 전달할 책무가 있는 것도 사실이다. 이것은 그들을 향한 사랑의 표현이다. 따라서 이것은 위 두 명제에 부합되는 삶의 태도라 할 것이다. 이웃종교들과의 대화 목적은 각기 공통적인 것을 찾거나 비슷한 개념들을 비교하는 차원을 넘어 이웃종교들의 영적 통찰과 진정으로 해후하는데 있다. 또한 저마다 고립적인 공동체 속에 안주할 것이 아니라 좀 더 정의롭고 평화로운 사회(공동체)의 실현을 도모하는 것도 대화의 중요 목적이다. 이 점에서 선교란 단순히 복음 전도가 아니라 죽음(세상) 한가운데서 삶을 회복시키는 하느님 선교라 해야 옳다. 이런 새로운 공동체 안에서 이웃종교인들 역시 배제되지 않고 포함되는 것은 자명하다. 그렇다고 하여 교회의 정체성, 고유성이 손상되지는 않는다고 말한다. 여하튼 이웃종교인들과 더불어 살고 있는 삶의 정황과 맥락에서 예수를 증거 한다는 것은 대화를 통하지 않고서는 불가능하다는 것이 WCC 측의 견해이다.

5. 다시 한 번 WCC가 말하는 증언과 대화의 관계를 설명해 달라

이 질문 이면에는 예수 그리스도의 구속주에 대한 확신과 이웃종교인들 속에 현존하시는 하느님에 대한 이해 사이의 긴장이 있다. WCC는 이런 긴장을 대단히 좋게 여긴다. 이런 긴장은 결코 해소될 수 없다고까지 말한다. 비록 기독교인들은 예수를 유일한 구속주로 믿으나 하느님의 활동과 계획을 다 안다고 말할 수 없는 한계 속에 산다. 바로 이 점에서 대화가 필요하다. 이 경우 증언과 대화는 상반적이지 않다. 기독교인들은 이웃종교에 대한 심판자가 아니다. 따라서 선교적인 것과 공격적인 것이 항시 동반되는 사안이 아니다. 하여 캔버라 대회에서는 JPIC를 하느님 선교의 본질이라 하였고 이웃종교인들의 참여를 적극 요구한 바 있다.

셋째 주

이웃종교에 대한 WCC 측의 공식 문서
- 바아르 선언에 대하여

1. WCC가 이웃종교들과 공존하는 다원주의에 대한 공식적인 신학적 입장을 공포했다는데

그렇다. 7년마다 본 대회가 열릴 때마다 WCC는 하위 분과를 두어 종교 간 대화를 통해 신학이 발견한 것들이 무엇인지를 몇 년간 연구해 왔다. 그 분과는 '내 이웃의 신앙과 나의 신앙' 분과로서 신학자들이 대거 참여하여 - 부분적으로 가톨릭 측도 함께했음 - 종교적 다원성을 신학적으로 이해하는 일에 공헌했다. 1991년 캔버라 총회를 위해 준비된 이웃종교에 대한 공식 문서가 바로 1990년 1월 15일 발표된 '바아르 선언'이다. 실상 WCC는 이웃종교 간 대화를 인류의 공동 모험, 즉 하나의 공동체 안에서의 대화란 차원에서 추진해 왔다. 인류 공동체 안에서 정의,평화, 창조 질서 보전을 위해 이웃종교의 지혜와 영감을 배우는 일이 필요하다는 판단 때문에서였다. 기독교 홀로 지구적 차원의 문제를 풀 수 없고 의당 이웃종교들과의 연대성이 더욱 절실해졌던 것이다. 하여 바아르 선언은 대화를 교회의 '공동 모험'이라 칭하며 하느님이 과연 오늘의 다원적 현실에서 어찌 활동하는가를 진지하게 성찰했다. 본 선언은 종래의 그 어느 것보다 진일보된 것으로서 종교적 다원성을 정당하게 인정했고 그것을 바탕으로 좀 더 적합한 하나의 종교 신학으로 신학을 발전시키고자 했다.

2. 종교적 다원성을 긍정하는 '공동 모험'으로서 '하나의 종교 신학'의 실체는 무엇인가

본 선언은 다양한 이웃종교들을 삼위일체 하느님 - 창조주, 구속주 그리고 성령 - 의 시각에서 살피고 양자의 관계를 기독교적으로 풀어내는데 요체가 있다. 어디까지나 종교다원 현상을 기독교적으로 이해하고 풀어 보겠다는 것으로 이 선언 역시 이웃종교의 시각에선 한계가 있을 것이다. 그러나 다시 강조하지만 다양한 종교 전통 자체를 긍정한다는 점에서 변별력이 있다. 만물과 모든 인간과 종교 속에 하느님이 각각 다른 방식으로 인류 역사 속에서 실존하셨기에 하나의 종교 신학을 그 속에서 찾을 수 있다는 것이다. 무엇보다 본 선언은 창조주 하느님이 세상을 지으셨고 창조 세계와 계약을 맺은 분인 것을 강조했다. 만유 위에 계시고 만유를 통해 일하시며 만유 안에 계신 하느님이기에 이웃종교들 역시 이런 하느님의 현존과 활동에 반응하는 것이라 보았다. 이웃종교들 역시 그동안 나름대로 하느님 활동에 대해 증언해 왔다는 것이다. 비록 기독교인들은 이를 경험한 바 없으나 바로 이것이 하느님의 구원 능력을 인간이 제한할 수 없다는 것으로 이해되었다. 따라서 본 선언은 이웃종교들 안에서도 그리스도 안에 나타난 하느님을 발견할 수 있다는 증언도 첨가할 수 있었다. 그럼에도 이것은 하느님이 자신의 증거를 인류 도처에 남겨 놓으셨다는 지극히 기독교적 발상이다.

3. 그렇다면 하나의 종교 신학이 예수 그리스도와는 어떻게 관계하는가

의당 삼위일체의 시각에서 이웃종교와의 관계를 생각했으니 배타성의 근간을 이루는 예수 그리스도의 구속 활동과도 무관치 않다. 바아르 선언은 통상 교회가 주장하듯 예수 그리스도를 한 인격으로만 보고 그를 믿음으로 구원이 확보된다는 입장을 넘어서 있다. 창조주 하느님의 활동에 상응하여 기독론 역시 우주적 차원에서 이해되고 있었다. 비록 하느님 말씀이 예수 그리스도 안에 계시된 것은 사실이나 그렇다고 그것이 특정한 공동체 - 과거에는 유대 민족, 현재는 교회 - 에 국한될 수 없다는 것이다. 성서 속의 구체적 증거들 즉 유대인들과 견원지간이던 사마리아 여인을 구원했고 이방인 백부장의 믿음을 칭찬했던 것이 이에 대한 구체적 예증이다. 하느님 구원의 신비가 우주 역사 과정에서 아주 다양하게 펼쳐지고 있으며 기독교 밖의 사람이라 할지라고 그 신비에 접촉될 수 있다고 본 것이다. 사실 이 점은 현실 교회가 아직 수용치 못하고 있는 바다. 이웃종교의 시각에선 여전히 기독교적인 배타성의 산물처럼 보일지라도 말이다. 하지만 기독론의 지평을 보편적으로 확대시킨 바아르 선언은 당시로선 획기적인 것이었다.

4. 마지막 질문이 남는데 성령과 종교적 다원성의 관계 역시 흥미로운데 어찌 관련되나

캔버라 대회의 주제는 '성령이여 오소서, 전 창조를 새롭게 하소서' 였다. 그만큼 성령에 대한 이해를 절실히 요구했고 성령을 통해 새로운 세상을 추구할 수 있다고 믿었다. 그만큼 생태계의 위기에 대한 인식이 절실했던 것이다. 이는 삼위일체의 또 다른 표현인 성령 하느님께서 더욱 자유롭게 삼라만상 속에 내주한다는 믿음 때문에 가능한 일이었다. 성령이 단순히 교회 안에만 머물지 않고 우주 자연 속에도 있다는 것이 창조주 하느님의 보편성을 더욱 각인시킬 수 있었다. 이런 성령의 보편성은 우주적 차원뿐 아니라 인간적 차원에서도 설명될 수 있다. 즉 하느님의 성령이 창조되지 않은 에너지로서 우주 안에서 온 생명을 살리는 힘으로 역할 하듯이 인간 안에서도 사랑, 희락, 인내, 온유, 절제 등으로 그 활동을 지속하는 까닭이다. 이것은 결국 성령의 보편성을 강조하는 것으로서 우주와 인간의 모든 것이 성령 활동의 열매인 것을 강조하고 있다. 따라서 성령이 살아 있는 이웃종교들 안에서 그리고 그곳에 속한 사람들의 삶과 전통 속에서 관계를 맺고 있다는 사실은 너무도 분명해진다. 결국 삼위일체로서의 하느님은 우주뿐 아니라 일체 종교의 다원성 속에서도 현존하기에 다양한 종교적 증거, 전통들을 진지하게 수용치 않는 것은 만유 창조주인 하느님에 대한 성서적 증언을 부정하는 것과 다르지 않다. 하느님의 보편성의 빛에서 이웃종교들을 더불어 긍정한 것이라 말할 수 있다.

5. 결국 지구적 차원 문제들을 해결하기 위한 방편으로 이웃종교들을 이해하는 것인지

사실 서구 기독교는 생태계 위기와 같은 지구적 차원의 문제가 발생하는 것과 탈현대주의의 도래와 함께 차이의 가치가 위세를 떨치는 상황을 두려워하고 있다. 생태계 위기와 동일성이 부정되는 차이의 철학은 그간의 기독교적 위세와 정당성을 허무는 일이 되기 때문이다. 이런 정황에서 기독교는 이런 대세를 자신만의 힘으로 감당할 수 없다고 판단한 것이다. 이런 정황에서 WCC는 기독교 자체를 탈현대적 상황에 부합하게 재구성하려고 부단히 노력해왔다. 탈현대적 지구화 시대에 적합한 선교 패러다임이 필요했던 것으로서 하느님 선교가 이전처럼 배타적이 아니라 관계적인 것을 부각시키고자 한 것이다. 선교의 목적은 하나의 화해된 인류이며 새롭게 창조된 세계이고 만유를 이끄시는 하느님의 비전이란 점을 환기시킨다. 따라서 이웃종교들을 방편으로 이해했다기보다는 기독교적 시각에서 이웃종교들을 달리 보았다는 것이 중요한 사안이다. 심지어 WCC는 이웃종교들 역시 자신의 시각에서 기독교를 보고 평가할 자유가 있다고까지 말한다. 기독교 역시도 자신의 정체성의 틀 안에서 이웃종교관을 변경시키겠다는 것이다. 모든 종교는 저마다 자신의 시각에서 포괄주의적 입장을 지닐 수밖에 없다고 보았다. 하여 WCC는 교회를 증언과 대화의 공동체로 규정하였다. 종교적 다원성은 부정될 수 없고 긍정되어야 할 지구적 차원의 이슈가 되었기에 이웃종교를 존중하면서도 그들에게 자신들 기독교의 경험을 충실히 전달할 책임이 교회에 있다는 것이다. 이를 통해 깨어진 세계 속에 정의와 평화와 치유를 주는 종교가 되기를 피차 권면하고자 했다. 금번 10월로 다가온 부산 총회의 주제가 정의를 통한 생명과 평화인 것은 한국 및 세계 사회가 얼마나 부정의한 상태에 놓여 있는가를 주목토록 할 것이다.

넷째 주

기독교 안에서 생산된 기독교와 이웃종교들 간의 대화 유형에 대하여

1. WCC 입장 밖에서 논의되는 종교다원주의에 대한 시각들도 있는지

물론 없지 않다. 세계 교회들을 대표하는 기관이다 보니 WCC는 그 내부에서 여러 가지 이견을 조정해야만 한다. 지나치게 진보적이거나 보수적인 시각들을 조정하기에 저마다 부족한 것들이 있게 마련이다. WCC로서는 세계 복음주의 측의 입장도 고려하지 않을 수 없었을 것이다. 노선 차이로 진보성향의 기독교가 다시 둘로 양분되는 현실도 부담스러운 것이 사실이다. 또한 서구 교회로서는 상대적으로 열세인 자신들 상황에 비해 부흥되는 아시아 국가들의 종교성이 부담될 수도 있었다. 실제로 아시아 기독교의 부흥이 WCC 측의 신학적 입장을 위축되게 만들었다는 이야기도 있다. 호주 캔버라 총회에서 한국 여성 신학자 정현경이 성령을 무교의 시각에서 풀어낸 것에 대해 국내외적으로 심각한 토론이 있었다.

2. 20세기 이후 기독교와 이웃종교가 만났던 과정을 대화 유형별로 설명할 수 있다면

본래 서구는 기독교 국가였다. 기독교 이후 시대(Post Christian Era)를 살고 있다는 자의식을 갖게 된 것도 아주 최근의 일이다. 지금도 유럽은 미국에 비해 다원주의 의식이 다소 희박하다. 서구 유럽 기독교에서는 긴 세월 동안 동일한 세계관에서 생긴 유일신 종교 간의 관계가 항상 문젯거리였다. 유대교, 이슬람교 그리고 기독교를 저마다 우월하게 생각했던 까닭에 분쟁이 그치지 않았고 계몽주의자들은 이들 싸움을 중단코자 종교에 이성적 합리성의 잣대를 들이대기도 했다. 아시아를 향한 식민 활동의 결과 유입된 아시아의 종교 - 불교, 유교, 힌두교 - 와 접하면서 그들의 정신세계에 놀라긴 했으나 일부 계몽주의자들만이 그리했을 뿐 대다수 기독교 교회는 그들을 미개한 상태로 보았고 배타의 대상으로 삼았다. 기독교가 아시아 종교들을 만나 취한 첫 번째 태도가 배타주의(Exclucivism)인 것은 결코 우연이 아니다. 심지어 마르크스조차도 동양은 스스로 설 수 없는 곳이라 하여 누군가에 의해 세워지기를 기다리는 대상으로 이해했고 막스 베버 역시도 동양을 이성적 합리성이 결여된 마술 동산과 같은 곳으로 평가했다.

3. 그렇다면 배타주의 다음으로 생긴 상대주의(Relativism)란 대화 유형은 어떤 것인가

계몽주의의 세례를 받은 학자들은 중국에서 유래된 종교(유학) 속에서 고등한 합리성, 이성적, 윤리적 지혜를 발견하기 시작했다. 이때가 대략 17세기 말경이었다. 서구 기독교의 경직성, 교리적 협소함, 위계적 질서 등에 지친 학자들에 의해 동양 정신이 새롭게 발견되기 시작한 것이다. 19세기 유럽에서 불기 시작한 강단 철학은 소위 역사주의란 것이었다. 그것은 역사 속에서 생겨난 일체의 것은 상대적일 수밖에 없다는 이론으로서 절대성을 거부하는 에토스를 지닌 것이었다. 그간 무소불위의 절대성을 누린 기독교마저 역사 속에서 생겨난 상대적 가치를 지닌 것이란 평가를 받게 된 것이다. 에른스트 트뢸치 같은 신학자조차 이 점을 수용하여 도그마(교리)적 관점에서 고백된 기독교 이해를 종식시키고 그것을 역사 속의 산물이라 했다. 기독교가 위대한 것은 신적 계시가 있었기 때문이 아니라 역사 속에서 우수한 윤리를 생산해냈던 탓이라 본 것이다. 이런 상대주의적 정황에서 당시 분위기는 모든 종교를 저마다 상대적 관점에서 평가하는 방향으로 흘렀다. 종교들은 절대적일 수 없고 상대적 가치를 지니는 것으로서 어느 것도 어느 것에 대해 절대적 관점을 행사할 수 없다는 것이다. 그러나 이런 상대주의에도 문제가 전혀 없는 것은 아니었다. 배타주의가 이웃종교를 철저하게 부정하는 방식으로 문제점을 지녔다면 상대주의는 상대적 관점으로 말미암아 종교에 헌신할 수 있는 길을 놓치고 있기에 사변적으로 머무는 한계를 노정露呈했다.

4. 상대주의 이후 출현한 포괄주의(Inclucivism)

20세기에 접어들면서 가톨릭교회 측에서 주로 이런 입장을 발전시켰다. 본래부터 자연 신학(아리스토텔레스) 전통을 중시했던 까닭에 가톨릭은 자연을 초자연과 유비적 시각에서 보는 것에 익숙하다. 하여 자연은 부정될 것이 아니라 초자연(神)에 의해 완성될 수 있다는 신념이 강했다. 여기서 자연과 초자연의 관계는 이웃종교와 기독교, 문화와 복음 등의 관계로 유추할 수도 있을 것이다. 이런 전통이 1960년대에 이르러 두 차례 바티칸공의회를 통해 포괄주의란 대화 유형을 만들 수 있었다. 이를 주도한 학자가 칼 라너란 신학자인데 그가 말한 '익명의 기독교인' 이란 것이 바로 포괄주의를 대표하는 예라 할 수 있다. 그는 힌두교인을 일컬어 언젠가는 기독교인이 될 그러나 지금으로서는 힌두교라는 방식으로 숨겨져 있는 존재라 했다. 그러나 인도의 신학자 레이몬드 파니카는 이를 역공했다. 기독교를 향해 '당신들을 익명의 힌두교도로 부르면 좋겠는가?'라는 물음을 던진 것이다. 결국 이런 논쟁으로 포괄주의 한계가 적시되고 다원주의란 새로운 유형을 갖게 되었다. 포괄주의는 일견 배타주의처럼 이웃종교를 공격하지 않고 상대주의에 결격된 자신 종교에 대한 헌신도 갖추고 있지만 상대방을 자신의 일부로 보았기에 더 이상 통용될 수 없다는 비판에 직면했던 것이다.

5. 종교다원주의(Pluralism)에도 다양한 유형이 있는 듯한데

현재 종교다원주의는 기독교 신학계는 물론이고 WCC에서도 먹을 수도 토할 수도 없는 뜨거운 감자가 되고 있다. WCC가 증언(정체성)과 대화를 병행코자 하고 그리스도를 통한 구원의 확실성을 고백하면서도 하느님의 구원 활동의 무無한계성을 더불어 인정하는 것도 이런 고민의 일환이다. 다원주의는 한마디로 자신의 어머니(종교)를 존중하듯 남의 어머니를 존중하자는 것이며 언어게임 이론에 근거하여 다른 종교 언어 역시 존중할 것을 요구했다. 즉 농구 게임 룰에 익숙한 사람은 농구가 재미있을 수밖에 없으나 야구 역시 절대로 무의미한 게임이 아니라는 것이다. 단지 우리가 야구 게임 룰을 모를 뿐이란 사실을 인정하는 일이 중요하다. 이를 설명키 위해 신神 중심적 다원주의, 구원 중심주의적 다원주의 그리고 기독론 중심의 다원주의 등이 상호 각축을 벌이고 있다. 신神중심적 다원주의는 신이란 용어 사용의 부적절함을 지적받으며 공통 근거를 주장하는 것이 탈현대적 감각에 전혀 맞지 않는다고 비판되며, 기독론 중심의 다원주의는 한국과 같은 상황에서 종교들 간의 차이를 강조하는 것이 과연 유의미할 것인가 라는 회의에 직면해 있다. 서로 간 차이를 강조함으로 언젠가는 창조적 변혁을 이룰 수 있다고 확신함에도 아시아적 종교 상황은 너무도 갈등과 대립이 팽배해 있기 때문이다. 실천(正行)을 통해서만 불교와 기독교의 진리가 상호 관계를 맺게 된다는 이론도 종교해방적 차원에서 의미는 있으나 실천이 부재한 상황에서 공염불일 가능성이 높다. 종교재판의 희생자 변선환은 구원(실천) 중심의 종교 간 대화를 시도했던 장본인이었다. 그러나 이들 간의 차이를 부각시켜 논쟁하는 것보다 이들 각각의 논의들이 말하고자 하는 참뜻을 새겨 현실에 적용한다면 한국과 같은 다종교 사회에서 저마다 큰 역할이 있을 것이다. 그럼에도 주류 다원주의는 지나칠 정도로 차이에 중점을 두기에 이들 상호 간의 관계에 대한 성찰이 상대적으로 빈약했다. 그리고 여전히 기독교 중심적이란 평가에서 자유로울 수 없었다. 이 점에서 새로운 사조가 등장했는데 그것은 '다양성(Multiplcity)의 신학'이라 불리는바 본 지면에서 논의할 수 없어 다음 기회로 미룬다.

일곱째 마당

기독교와 과학의 대화는 가능한가

첫째 주

과학의 시대에 기독교의 설자리
: 창조론과 진화론의 논쟁

1. 지난 이천 년 역사 속에서 기독교와 과학의 관계는 어떠했는지

주지하듯 기독교를 위시한 서구 종교들은 동양과 달리 인격신에 의한 창조론을 주장해왔다. 본래 우주조차도 없던 시절, 하느님께서 무無로부터 세상을 만드셨다는 믿음을 갖고 있었던 것이다. 기독교가 서양 역사를 주관하던 시절, 과학은 이런 창조론을 뒷받침하는 이론이었다. 중세는 물론 근대 초기만 하더라도 예수 그리스도가 태어난 지구를 우주의 중심이라 보았고 태양이 지구를 중심으로 돈다는 천동설을 과학이 주장할 정도였다. 근대 철학의 아버지라 불리는 데카르트도 초월적 인격신을 부정하지 않았고 심지어 만유인력의 발견자인 뉴턴마저도 우주의 중력이 하느님의 전능성을 나타내는 것이라 말할 정도로 기독교가 과학적 세계관을 지배하고 있었다. 그러나 다윈의 진화론이 등장한 이래로 창조론은 더 이상 불변의 위치를 점할 수 없었고 이들 간의 갈등이 지금까지 지속되고 있다. 최근 도킨스 같은 진화생물학자들에 의해 기독교적 신관이 오히려 도전받고 있는 형세이다. 과거 신에게 부여된 역할을 유전자로 대치하려는 과도한 유물론적 경향마저 등장하고 있는데 이는 기독교와 대척관계를 형성코자 하는 염려스런 일이다.

그럼에도 기독교와 과학의 대화는 종교 간 대화 이상으로 기독교 신학계에서 부상하고 있다. 중요한 것은 과거처럼 기독교 교리를 고집하기보다는 과학에 의해 새롭게 발견된 이론을 충분히 수용하는 방식을 취한다. 그러나 모든 것을 과학적 이론으로 설명하기보다는 그것과 공명하는 방식으로 신학의 고유한 자리를 지키면서도 과학과의 대화를 시도하는 중이다.

2. 그럼에도 최근 교과서에 창조론을 정설로 수록하려는 움직임도 있었는데

한국뿐 아니라 미국의 보수 기독교 신앙의 시각에서는 여전히 창조론을 대세로 여기는 추세이다. 성서의 창조론을 창조과학이란 이름으로 정당화하다가 최근에는 '지적설계론'으로 개칭한바 있다. 우주가 이처럼 정교한 것을 볼 때 우주를 설계한 누군가를 생각할 수밖에 없다는 것이다. 대다수 한국 교회 강단에서는 이런 지적설계론이 성서의 창조신앙을 설명하는 도구로 사용되고 있다. 그럴수록 진화론을 허구 내지 가설로 치부하는 경향성이 교회 안에서 많아지고 있는 것도 사실이다. 그러나 성서의 창조신앙은 본래 과학(사실)의 언어로 기술된 것이 아니라 바벨론 포로기 시절 이스라엘 민족의 신앙고백의 산물 곧 가치의 언어였다. 이런 창조신앙을 창조과학의 이름하에 사실의 언어로 만드는 것은 성서의 본래 의도와 너무도 다른 것이다. 만약 이 세상을 지적설계론의 차원에서 이해한다면 장애인, 가난한 자, 동성애자 등에 대한 설명이 어려워진다. 하느님이 그들을 그렇게 설계해 놓았다는 것은 어불성설인 까닭이다. 신앙고백의 언어를 사실의 언어라 우기는 것은 기독교 신앙의 위대함을 강조하려는 발상이나 실상은 신앙을 과학에 의존시키는 반신학적 소치라 하겠다.

3. 그렇다면 도대체 기독교는 자연(우주) 내지 우주 자연의 신비를 어떻게 이해하는가

흔히들 기독교를 반자연적 종교라 부르곤 한다. 생태적 위기의 근원지가 역사만 강조하고 인간 실존만 중시한 기독교에 있다는 주장이 생긴 것도 사실이다. 하지만 본래 초기 기독교에 있어 성서와 자연은 하느님을 인식할 수 있는 두 지평이었다. 성서가 말씀으로 하느님을 드러낸다면 자연은 그 자체로 하느님의 현존을 보여주는 지평이란 것이다. 기독교가 창조신앙을 강조한 것도 사실은 자연 속에서 하느님의 신비를 느끼자는 차원에서였다. 그러나 중세기를 지나 근대에 이르면서 자연의 이미지가 기계로 대치되었고 심지어 철학자들 중에는 자연을 창녀의 메타포로 이해하면서 그를 지배와 정복의 대상으로 삼아버렸다. 하지만 성서는 지금도 인간의 시각을 자연으로 돌리고 있다. 들판에 핀 백합화와 공중을 나는 새를 보며 하늘 아버지의 신비를 맘껏 느끼라고 추동한다. 자연은 결코 죽어 있는 물질이나 기계와 같은 비활성적 존재가 아니라 오히려 하느님의 몸이란 비유로 그 의미를 새롭게 발견하고 있다. 바로 이런 시각이 근대 이후의 과학적 세계관과 만날 수 있는 지점이라 생각한다. 하느님의 몸인 자연이 죽거나 병들면 하느님도 그럴 수밖에 없다는 자연에 대한 신학적 이해가 대단히 중요해진 것이다. 그렇다고 해서 기독교가 자연을 신격화하지는 않는다. 신이 곧 자연이라는 범신론과는 거리를 두되 자연에서 신을 만나려는 노력은 중시하고 있다.

4. 그럼에도 기독교는 인간중심주의를 강조하고 있는 종교가 아닌가

기독교가 인간중심주의를 표방한다는 평가는 틀린 말이 아니지만 그렇다고 온전히 옳지만도 않다. 인간만을 하느님의 형상(Imago Dei)이라 하였기에 인간중심주의라 말할 수 있겠으나 그만큼 그에 부과된 책임 또한 적지 않은 것도 사실이다. 그러나 자연에 대한 인간의 책임을 강조한다 하더라도 그것은 여전히 인간중심주의를 떠난 것은 아니다. 하여 최근에는 인간은 인격을 통해 신과 관계하는 방식을 알고 있으나 지렁이는 지렁이의 방식으로, 새는 새의 방식으로 신적 존재와 관계를 맺고 있다는 범경험주의에 근거한 신학적 이론이 대두되고 있다. 단지 인간이 이런 관계성을 경험하지 못할 뿐 삼라만상의 모든 존재가 저마다의 방식으로 신과 관계를 맺고 있다는 것이다. 따라서 하느님이 계시다면 그분은 우주의 모든 것과 관계를 맺으시는 존재란 고백이 생겨나는 중이다. 그런 존재양식을 사랑이라 일컫기도 한다. 이런 생각의 변화는 생태학적 위기의 시대에 기독교가 새로운 역할을 할 수 있는 계기가 될 수도 있다.

5. 그렇다면 기독교의 창조론은 진화론 내지 우주발생론과는 어떻게 공존할 수 있겠는가

일찍이 고생물학을 전공한 프랑스 신부 테야르 드 샤르댕은 창조론과 진화론을 창조적으로 종합하려고 했었다. 고생물학 전공자로서 그는 인간 창조를 정점에 놓은 종래의 창조신앙을 추종할 수 없었던 것이다. 인간은 오히려 46억 만 년의 우주 창조 하에서 그리고 무생물로부터 생명을 거쳐 인격에 이르는 진화의 과정 속에서 새롭게 자리매김 되어야 할 존재로 여긴 것이다. 하지만 테야르 드 샤르댕은 우주 및 인간(생명)의 진화 과정에서 몇 번에 걸친 창발성이 존재했음을 부정치 않았다. 물질에서 생명, 생명에서 정신, 정신에서 영혼으로 진화하는 과정에서 창조의 원리가 개입했다는 것이다. 즉 하느님은 무無로부터 세상을 한 번에 창조한 것이 아니라 지난한 진화의 과정 속에 내주하여 진화의 방향과 목적을 이끄시는 분이라는 이론을 주창한 것이다. 그러나 최근에는 테야르 드 샤르댕의 이런 이론 또한 지나치게 기독교 중심적이라 평가받고 있다. 오히려 자연 속에서 발생하는 우발성(Contingency) 개념을 하느님의 목적보다 더욱 중시하는 것이 종교와 과학 간의 대화를 정당하게 하는 필요조건이란 생각 때문이다. 자연 스스로가 예측 불가능한 혼동 속에서 질서를 만들어 간다는 것 - 자기 조직화의 원리 - 이 과학자들의 의견인바 신학은 이 점에서 커다란 도전을 받고 있다.

둘째 주

종교(기독교)와 과학 간의 대화 유형들
- 대립과 독립(무관심)의 경우

1. 기독교 시각에서 과학과 대화하는 유형이 여럿 있다고 하는데

　기독교와 과학 간의 대화도 종교 간 대화처럼 여러 가지 유형이 각기 장단점을 지닌 채 지금까지 공존하고 있다. 앞에서 이야기했듯이 본래 기독교와 과학은 오늘날 창조론과 진화론의 갈등에서 보이듯 그런 관계가 아니었다. 자연을 성서와 더불어 하느님 계시의 지평이라 여겼던 까닭이었다. 하지만 뉴턴 이후 다윈의 진화론의 도전을 겪으면서 양자 간에는 심각한 대립이 생겨났다. 기독교가 일천 년 이상 과학적 세계관을 주도해왔던 것에 대한 근대의 반발이 컸던 탓이다. 이로부터 기독교 서구 역사에는 20세기 초반 실존주의를 거치면서 갈등(대립)보다는 다소 완화된 형태이나 과학과 종교를 상호 분리(무관심)하자는 시각도 생겨났다. 종교는 종교이고 과학은 과학으로서 상호 그 영역을 간섭하지 말라는 것이다. 그러나 분리 내지 무관심한 태도로 과학 시대를 살 수 없기에 과학의 발견을 적극 수용하여 그와 공명하되 종교(신학)의 고유한 영역을 확보하자는 입장 곧 소위 공명론(Consonance theory)의 시각도 생겨났고, 최근에는 과학적 설명으로 종교를 대신할 수 있다는 동화론(Assimilation)도 한 유형으로 주목을 받고 있다. 신新과학 운동을 펼치는 일부 과학자들과 진화생물학을 근거로 사랑이나 이타심 같은 종교적 가치를 설명해낼 수 있다는 유물론자들도 시각은 다르나 이런 유형에 속한다고 볼 수 있겠다. 본 지면에서는 주로 대립과 무관심에 초점을 맞추어 이야기하고자 한다.

2. 오늘날에도 여전히 종교와 과학을 상호 대립적으로 갈등한 상태로 놓아 둘 수 있겠는가

기독교와 과학이 상호 반목할 수밖에 없었던 역사적 상황은 이해할 수 있겠지만 이미 과학이 세계를 지배하는 현실에서 종교와 과학이 다를 수는 있어도 갈등 관계를 맺는 것은 현실적으로 불가능하나 실제로는 존재한다. 주지하듯 갈릴레오의 지동설 주장을 종교재판에 회부시켰던 것이 기독교 권력이었다. 당시 교회는 힘이 있었기에 과학적 주장을 교리로 이길 수 있었다. 이런 역사적 정황에서 과학자들이 종교로부터 철저하게 독립하기 위해 종교와 갈등과 반목하게 된 것은 어쩔 수 없는 현실이었다. 하지만 이런 현실이 오늘날까지 지속적으로 반복되는 것은 서로를 위해 불행하다. 과학 분야에 우주 및 인간 이해에 관한 설명

체계를 빼앗긴 기독교가 교리를 앞세워 자신의 신앙 체계를 강력히 주장할 때 이들 간의 갈등은 확대재생산 될 수밖에 없을 것이다. 이미 말했듯이 오늘날 창조론과 진화론의 갈등이 그 대표적인 경우이다. 물론 창조론이 창조과학 나아가 지적설계론으로 대치되었으나 진화론은 허구이고 가설인 까닭에 만물의 창조자인 하느님을 떠나서는 우주 기원을 말할 수 없다고 주장하는 것은 과학적 세계관과의 불화를 가중시킨다. 물론 그렇다고 해서 기독교가 진화론을 전적으로 수용할 수도 없는 노릇이다. 진화론자들 중에도 각기 다른 이론을 제기하는 이들이 적지 않기 때문이다. 한국과 같은 다종교 사회 안에서 더구나 기독교 이후 시대를 살아가는 현실에서 과학마저 특정한 종교의 이념 체계 하에서 이해해야 한다는 주장은 수용되기 어렵다. 미국과 한국 등 개신교가 강력한 세를 떨치는 상황에서 기독교와 과학 간의 갈등과 대립 양식이 재현이나 강화되는 것은 결코 바람직하지 않다.

3. 이런 갈등과 대립의 관계는 종교 간 대화 유형으로 보자면 배타주의와 같은 것인가

분명 종교 간 대화의 기독교 중심적 배타주의 입장과 종교와 과학 간의 갈등을 부추기는 대립 유형은 의미 상통할 것이다. 다양한 우주 이론의 존재 가능성을 논외로 하고 오로지 인격적, 초자연적 신관으로만 우주 창조의 기원을 말하는 것은 신앙적 배타주의의 또 다른 모습이라 하겠다. 거듭 말하지만 기독교의 창조신앙을 과학의 사실적 언어로 이해하는 것은 소설을 역사책으로 보고자 하는 것과 다름없다. 정작 성서 안에 다양한 신학이 깃들어 있기에 그 시대를 살던 사람들의 신앙고백의 차원에서 보아야 할 것을 보편 타당화시키는 것은 기독교 신학적으로도 문제가 적지 않다. 성서의 창조신앙은 한마디로 이 세상이 노아의 홍수처럼 다시 멸망하지 않을 것이며 그를 위해 인간이 자신의 잘못을 뉘우치고 하느님께 돌아와야 한다는 메시지를 우리에게 남겨주고 있다. 하느님, 인간 그리고 자연의 관계 회복이 창조신앙의 본질이다.

4. 그렇다면 이들 간의 상호 독립 내지 무관심 유형의 사례는 어떤 것인가

다윈의 진화론 이후 기독교계의 충격은 실로 컸다. 개체발생을 믿던 기독교로서는 인간마저 계통발생의 산물로 이해되는 것을 견딜 수 없었다. 다윈 진화론이 발표될 당시 교회는 지동설을 부정했던 시절 만큼 교세가 크지 않았기에 상호 무관심 내지 독립적인 입장을 견지했다. 과학은 사실을 묻는 학문이고 기독교는 가치를 묻는 학문이기에 상호 영역이 중첩되지 않는다는 것이다. 과학과 종교가 저마다 서로의 영역에 간섭하지 않고 자기 분야에만 충실할 것을 주문한 것이다. 이런 흐름은 20세기 초 실존주의 철학에도 큰 영향을 미쳤다. 인간을 자연이 아니라 실존이요, 역사적 존재로만 이해한 탓에 실존주의 사조는 자연(과학)에 철저하게 무관심했다. 이에 편승하여 기독교 신학도 인간의 자연성을 송두리째 무시했고 인간의 본질을 탈脫자연화 시켰다. 20세기 신학의 거장이라 일컬어지는 스위스 바젤의 신학자 칼 바르트의 신학도 이에 해당한다. 실존이 본질을 앞선다는 사르트르의 주장은 달리 말하면 인간은 자연이 아니라는 말과 다르지 않다. 이렇듯 사실과 가치의 분리 곧 상호 무관심 내지 독립의 유형은 대립과 갈등의 차원을 벗어났으나 인류 역사에 크나큰 해를 끼쳤다. 가치 물음으로부터 자유롭게 된 과학은 결국 원자핵을 발견하여 살상 무기를 만들게 되었고 유전자 조작을 통해 인간 생명을 조작하기에 이르렀다. 사실 문제에 둔감해진 기독교는 인간의 자연성은 물론 자연 자체에 관심을 주지 못했기에 급기야 반反 생태적 종교라는 오명에서 벗어나올 길을 잃었던 것이다.

5. 종교와 과학 간의 대화에서 갈등과 무관심 유형이 주는 폐해 극복을 위해 종교가 할 일은 무엇인가

21세기의 인류는 과학 없이 살 수 없게 되었다. 과학과 갈등하고 있는 창조론 신봉자들도 과학기술의 혜택을 누리고 싶을 것이고 과학에 무관심한 자들도 과학의 혜택에서 제외되고 싶지 않을 것이다. 하지만 과학기술의 발전이 인류의 미래를 위해 좋기만 한 것은 아니다. 따라서 종교는 과학 시대에도 그 의미가 결코 작아질 수 없다. 과학은 속성상 부분적 확실성에 근거하여 목적 지향적으로 발전할 수밖에 없다. 이런 과학을 향해 종교는 항시 전체 관계성의 통찰을 부여해야만 한다. 전체를 알아야 종교는 과학의 한계를 지적할 수 있을 것이다. 과학이 목적 지향적이 아니라 결과 예상적 학문이 되도록 종교는 과학을 도와야 한다는 말이다. 과학이 진정한 인류 해방의 도구가 될 수 있기를 바란다면 말이다. 이런 점에서 대립과 무관심 유형은 결코 바람직한 대화법이 아니다. 우리 시대의 기독교는 과학과 적대할 것이 아니라 적합한 변화를 통해 과학조차 삶의 동반자로 여길 수 있는 지혜를 갖추어야 마땅하다.

셋째 주

종교와 과학 간의 대화 유형들
— 공명론(Consonance)을 중심하여

1. 이제까지와 달리 기독교와 과학 간의 대화 방향을 달리 만든 결정적 사건이 있었을 터인데

기독교와 과학 간 대화 유형이 갈등(분리)과 무관심(독립)에서 상호 공명하는 쪽으로 시각이 달라진 결정적 이유가 있다. 과학이 발견한 핵무기로 수백만의 인명이 희생당한 역사적 경험 때문이었다. 가치로부터 자유롭게 된 과학이 만든 핵폭탄의 존재는 과학자 자신들을 당혹케 했고 과학자 스스로에게 과학기술에 대한 경각심을 안겨주었다. 과학 역시도 결코 가치(윤리) 문제로부터 자유로울 수 없다고 믿게 된 것이다. 이로부터 하이젠베르크, 닐스 보어 등을 중심한 물리학자들이 철학에 관심을 갖게 되었고 과학이 철학과 종교와 밀접한 관계를 맺을 수 있었다. 중세기까지 지속된 유기적 자연관이 근대 이후 기계론적 자연관으로 바뀌게 된 것도 이유가 있었다. 경건한 가톨릭 신도들이 살던 포르투갈 리스본 지역에 대지진이 나서 당시로선 엄청난 인구가 희생당한 적이 있었다. 자연이 신을 알리는 지표라 믿었던 시각이 하루아침에 무너지는 대단한 사건이었다. 이로 인해 중세기까지 지속되던 유기체적 자연관이 무너지고 근대의 여명을 알리는 기계론적 자연관이 등장했고 그를 근거로 과학이 발전하게 된 것이었다. 그러나 원자핵 발견 이후로 이런 자연관이 다시 문제시되었고 자연 속에서 신적 가치를 재발견하고 자연의 영성적 차원을 인정하려는 과학 사상이 등장하게 된 것이다.

2. 그렇다면 이들 과학자들이 발견한 자연은 어떤 것이었는가

지금까지 자연은 법칙에 의해 운행되는 기계와 같은 것으로 이해되었다. 태초의 하느님이 자연에 질서를 부여했기에 인간은 이성을 통해 자연의 법칙을 이해하여 자연을 지배하고 다스리는 것이 하느님의 뜻을 이루는 것이었다. 다시 말해 자연 속에는 신적 가치가 없고 신이 부여한 질서(법칙)만이 존재할 뿐이었다. 세상을 창조한 신은 자연과는 동떨어진 초자연적 존재일 뿐 더 이상 자연 속에 거주하지 않는 존재란 말이다. 당시 기독교 신학은 신과 자연이 분리된 이런 자연관에 기초하여 정립되었다. 그러나 원폭 경험 이후 물리학자들이 발견한 새로운 우주는 기계론적 자연과는 근본부터 달랐다. 자연은 법칙을 통해 결정된 실체가 아니라 자기 조직화하는 비결정성이 본질이 되었다. 과거 시대는 물질을 쪼개면 더 이상 나뉠 수 없는 입자 곧 원자가 남는다고 하였으나 새로운 과학은 관찰자의 시각에 따라 그것이 입자로도 보이고 파동으로도 보일 수 있다고 함으로써 자연의 비결정성을 강조한 것이다. 이는 자연이 결코 인간의 이성에 의해 파악될 수 있는 법칙만으로 존재하지 않음을 보여준다. 또한 기계론적 세계관에서는 부분의 합을 전체라 하였으나 새로운 과학은 전체는 부분의 합보다 크다고 함으로써 자연의 능동성을 상당 부분 인정했다. 자연 안에서 새로운 것을 창발(創發)시키는 능력을 본 것이다. 바로 이 점이 자연을 과거와 달리 종교 및 철학 즉 가치의 문제와 분리시켜 볼 수 없게 한 결정적 이유이다. 더욱이 우주가 150억 년의 역사를 지녔다는 것이 빅뱅이론을 통해 밝혀졌고 지구의 역사가 46억 만 년 그리고 인류의 역사가 2만 년 정도라는 것이 정설인 상황에서 자연을 인간의 이성으로 파악하는 것의 한계를 인정한 것이다.

3. 이런 새로운 자연관을 기독교가 수용하기 어려웠을 터인데, 공명(共鳴)론은 어떤 입장인가

분명 이런 자연관은 기독교 창조론의 시각에서 볼 때 낯선 것이 틀림없다. 그러나 성서의 창조론이 사실의 언어가 아니라 고백의 언어인 까닭에 성서 언어에 대한 교리적 접근에서 자유로울 때 새로운 자연관과 기독교 신학 간의 만남과 대화가 얼마든지 가능하다. 오히려 종래의 자연관이 성서가 말하는 창조론을 곡해하는 것이란 반론도 가능하다. 앞서 말했듯이 기독교 신학이 취하는 공명론이란 일단 과학이 발견한 새로운 세계상을 인정하고 수용하는 태도를 취한다. 즉 빅뱅이론을 비롯하여 자연의 비결정성, 불확정성, 창발성, 우연성 등을 인정한다. 이는 법칙으로 이해되던 종래의 자연관과의 결별이자 이에 근거한 이전의 창조론과의 결별을 뜻한다. 자연에 대한 새로운 속성이 오히려 성서의 창조신앙과 기독교 신학을 위해 기여한다고 판단하는 것이다. 즉 하느님은 우주 만물과 열려진 관계 속에 있고 인간뿐 아니라 자연에도 자유를 수여한 까닭에 자연의 창발성에 하느님 자신도 의존될 수 있음을 강조한다. 즉 하느님의 군주적 세계 지배가 아니라 인간 및 자연과 상호 의존적 관계 속에서 하느님이 우주의 진행을 이끌어 간다고 믿는 것이다. 지금까지 신학은 하느님의 계시(Up down experience)에 의해 모든 것이 결정된다고 믿었으나 지금은 오히려 아래로부터의 경험(Bottom up experience) 즉 자연에 대한 경험적 지식을 통해 하느님이 알려질 수 있다고 생각하는 것이다. '알기 위해서는 먼저 믿어야 한다'는 전통적 신조가 이제는 '믿기 위해서는 먼저 알아야 한다'는 것으로 바뀌고 있는 중이다.

4. 이런 공명론의 입장을 지닌 대표적 기독교 사상가를 든다면

과학에 관심하는 대다수 신학자들이 이런 입장을 취하나 각론에 있어서는 조금씩 다른 경향을 보인다. 하지만 공명론의 특징은 과학의 발견에 동의하나 그것으로 신학 자체를 변화시키려 할 뿐 신학의 과학화를 목적하지 않는다. 필자가 가장 선호하는 과학 신학자는 토마스 베리라는 가톨릭 신학자다. 그는 생태 신학에도 많은 관심을 기울인 학자로 신학자(Theologian)는 신이 아닌 땅에 대한 관심을 지닌 존재(Geologian)여야 할 것을 강조한바 있다. 특별히 그는 빅뱅이론을 근거로 기독교 신학이 말하는 삼위일체론을 과학과 공명하는 방식으로 재再서술했다.

우주 시원에 빅뱅이 있었고 지금껏 만물을 생성시키는 원심력이 작용하고 있다. 원심력으로 인해 우주 만물이 생겨났고, 생겨난 것은 저마다 특징이 있는 다양한 존재들인 것은 주지의 사실이다. 그러나 이런 만물이 생겨난 것은 구심력 없이는 불가능한 것인바 이 때문에 만물이 흩어지지 않고 존재를 유지할 수 있는 것이다. 여기서 토마스 베리는 우주를 확장시키는 태초의 창조 행위를 성부 하느님의 역할로 보았고 우주 속의 다양한 존재들이 자성自性을 지닌 것을 성자 하느님 덕분으로 돌렸으며 마지막으로 원심력만으로 존재를 이룰 수 없기에 구심력으로 존재를 엮어낸 것을 성령이신 하느님이라 부른 것이다. 이런 설명을 근거로 토마스 베리는 "삼라만상 전체가 어떤 하나의 존재보다 신을 훨씬 잘 드러내며 이로써 전체가 모두 신에 참여하고 있는 것"이라고 말했다.

5. 이런 공명론의 대화법이 지닌 장점을 기독교의 시각에서 말한다면 어떤 것일까

기독교가 이런 우주적 관점을 갖고 재구성된다면 무엇보다 생태계 위기를 치유하는 강력한 이론적 근거를 제시할 수 있을 것이다. 그리고 동양 종교들과 대화함에 있어서도 인격적 신관에 고착되지 않기에 훨씬 이해의 폭이 넓어질 수 있을 것이다. 결국 인류의 미래는 과학이 주도할 것일 터인데 과학이 발견한 새로운 자연관을 종교가 수용하여 과학의 가치 지향성을 더욱 고취시킬 수 있다면 좋을 것이다. 과학적 세계관이 종교 간 대화에 있어 공통분모가 될 수 있다면 인류의 미래는 기대할 만한 것일 수 있다.

넷째 주

종교와 과학 간의 대화 유형
― 동화론(Assimilation)에 대한 이해

1. 앞서 말한 공명론으로 충분할 터인데 왜 동화론이 다시 거론되는가

오늘의 한국 기독교는 실상 공명론을 수용하지 못하고 있다. 전통적 창조론의 변형인 창조과학이나 지적설계론을 창조신앙의 핵심으로 내세우는 까닭이다. 이에 진화생물학을 주장하는 과학자들 중에 극단적으로 창조론을 부정하는 사람들도 있다. 또한 이들은 지적설계론에 대항해서 유전자를 신의 역할을 대신하는 궁극적 근거로 내세우고 있다. 오늘날 리차드 도킨스의『이기적 유전자』를 비롯한 일련의 진화론자들의 기독교 비판서가 널리 회자된 것은 창조과학 내지 지적설계론에 대한 반발에서 비롯한 것이다. 진화론자들은 유전자환원주의를 통해 인간의 이타심, 사회적 행위 등 종교적 성향 일체를 유물론적으로 해석하고 있다. 필자는 이런 극단적 흐름을 동화론의 한 유형이라 생각한다. 물론 이것은 동화론의 부정적인 한 예가 되겠으나 과학에 종교가 완전히 동화되는 경우임에는 틀림없기 때문이다. 공명론을 향한 의심도 실상 없지는 않다. 과학의 발견을 존중하되 신학 내지 종교의 고유한 시각으로 그것을 표현하는 공명론이 곧잘 '틈새의 신'의 논리로 전락할 수도 있는 까닭이다. 틈새의 신이란 과학이 설명하지 않고 남겨둔 틈새를 신학적으로 답하려는 것으로 이것의 난점은 과학이 그 틈새를 과학적으로 해명할 경우 종교의 자리가 더없이 초라해진다는 것이다. 과거 뉴턴이 중력을 하느님의 전능성으로 공간을 하느님의 편재성으로 이해하였으나 실상 지금은 이런 신학적 개념 없이도 중력과 공간 개념을 맘껏 사용할 수 있게 된 것이 그 단적인 예가 되겠다.

2. 그렇다면 동화론으로 무엇을 말하고자 하는가

기독교와 과학 간 대화론자들 중에는 종교와 과학이 지금껏 그래 왔듯 서로 이질적인 존재가 아니라 양자가 통합될 수 있다고 주장하는 이들이 있다. 동화론자는 이 점에서 종교와 과학의 통합론자라 해도 틀리지 않다. 과학과 종교를 하나의 틀로서 체계화하려는 노력이 실제로 활발하게 일어나고 있다. 종교와 과학 그 어느 것 하나로의 환원을 거부한 것이다. 이 점에서 동화(통합)론자들은 전근대 속에서 태동된 종교의 공통 구조를 강조하고 그 토대 하에서 근대 과학적 세계관을 통합시키려 하고 있다. 이런 입장을 지닌 대표적 사상가로 켄 윌버K. wilber를 들 수 있겠다.

3. **그렇다면 먼저 켄 윌버의 종교관을 상세하게 설명해 달라. 한국에 널리 알려진 신과학자인 프리조프 카프라도 그런 유형에 속하지 않을까**

켄 윌버는 기독교 신학자가 아닙니다. 그럼에도 동·서양 종교의 공통 구조에 관심이 많았고 기독교 신비주의자는 물론 인도의 힌두교, 불교 사조에도 조예가 깊다. 동·서양 종교를 섭렵한 끝에 그는 고대 종교들은 대개 존재의 대사슬(the Great Chain of Being) 구조를 근간으로 한다고 생각했다. 존재의 대사슬이란 물질에서 생명, 생명에서 마음(Mind), 마음에서 영혼(Soul), 영혼에서 정신(Spirit)에 이르는 전 과정을 보여준다. 전통적 종교가 공유하는 존재의 대사슬 구조는 그러나 이들 관계를 가치 서열(하이어라키)적으로 보지 않고 동시에 무차별적 동일성(헤테라키)이라 여기지도 않는다. 흔히들 하이어라키는 과거를, 헤테라키는 미래적 가치를 담보한다고 생각하나 윌버는 양자 모두 홀아키Horachy란 이름으로 비판했다. 홀아키란 모든 존재는 서로가 부분이면서 전체가 되는 것으로, 예컨대 물질은 그 자체로서 전체이나 생명을 위해서는 부분이 되고 생명 역시 마음과의 관계에서 홀아키적 관계를 맺고 있다는 것이다. 그렇기에 물질과 생명은 결코 가치 서열적이지도 가치 동일한 것도 아니다. 물질은 모든 것을 위한 기저(기초) 가치로서 대단히 중요하나 - 왜냐하면 그것 없이는 생명을 비롯한 어떤 상위의 것도 존재할 수 없기 때문이다 - 생명이 물질로 환원 될 수 없는 독특함을 지니고 있는 것도 사실이다. 그렇기에 생명은 물질에 대해 가치가 우월할 수밖에 없다. 이런 이유로 윌버는 하이어라키와 헤테라키의 이분법에서가 아니라 양자를 포함하는 홀아키 곧 부분과 전체의 관계로서 종교들의 공동 근거인 존재의 대사슬 구조를 이해한 것이다. 바로 이 점에서 윌버는 카프라의 신과학적 경향성을 비판했다. 그에 따르면 카프라는 물질의 내면과 외면의 관계를 보지 못하고 물질에서 정신에 이른 전 과정을 지나칠 정도로 평면화 즉 헤테라키적으로 이해했다는 것이다. 달리 말하면 물질에 대해서 생명의 깊이를, 생명에 대해서 마음의 깊이를 읽지 못했다는 사실이다.

4. 윌버는 이런 종교관이 어떤 식으로 과학과 통합될 수 있다고 말하는 것인가

윌버는 근대 과학이 물질에서 정신에 이르는 우주의 다차원적 깊이에 대해 무지했고 모든 것을 물질에 종속되게 만들었다고 비판했다. 우주를 물질일원주의로 식민지화한 것이 근대 과학이라는 지적이다. 이들 영역을 철저하게 분리시킨 것이 근대 과학의 재앙이라 했다. 물질로부터 정신에 이르는 영적 진화의 과정이 무시되었다는 말이다. 바로 이 영역들을 통합시키는 것이 윌버가 말하는 종교와 과학 간 동화론의 핵심이다. 지금껏 서구 역사 속에서 '육肉의 눈, 이성理性의 눈, 정관靜觀의 눈'을 계발해 우주의 전 차원을 읽으려는 노력이 없었던 것이 아니나 모두 실패했다고 지적했다. 오늘의 시대 풍조를 반영하는 탈현대주의조차 해석(내면)만을 강조하고 실재(외면) 자체를 부정함으로 통합을 성사시킬 수 없었다. 물질과 정신은 상하의 관계도 가치 서열적 이원론적 실재도 아니다. 한 실재의 외면과 내면의 관계인 까닭이다. 그동안 종교는 독단적인 초월성만을 강조했고 초합리와 전합리의 범주 오류를 범해 왔다. 그렇기에 향후 종교는 감각에 기반을 둔 경험주의(육의 눈)는 물론 정신적 체험의 합리주의(이성의 눈), 나아가 영적 체험에 바탕으로 하는 신비주의(정관의 눈)를 통합시켜 실재의 내, 외면을 함께 볼 수 있어야 할 것이다. 즉 종교의 공통된 토대인 존재의 대사슬 구조를 옳게 판독하란 말이다.

5. 윌버 식의 이런 통합론(동화론)을 모두가 공감할 것 같지는 않은데

우선 종교의 공통 토대를 존재의 대사슬 구조에서 찾는 윌버의 전제 자체가 문제시 될 수 있다. 존재의 대사슬 구조는 실상 힌두교의 실체론적 세계상에서 비롯한 것으로 이후 불교의 비판에 직면한바 있다. 즉 불교는 공(空, Sunjata)을 말하고 있고 노장사상 역시 실체주의적 세계관을 부정하는 까닭에 윌버식의 통합 논의는 전면적으로 부정될 수도 있다. 그럼에도 윌버는 존재의 대사슬 구조를 현대 과학의 진화론적 관점에서 수용하고 있기에 이를 단순히 실체론이라 명명하기에는 무리가 있다. 윌버는 세 가지 눈을 통해 우주의 안팎, 내/외면을 함께 경험코자 했고 이를 위해 서구 심리학과 동양 영성 세계를 통합하고자 했다. 그가 남긴 다음의 말을 통해 그의 종교와 과학통합론의 실상을 느낄 수 있기를 바란다. "누구든지 프로이트를 거치지 않으면 구원이 불가능하다." 즉 무의식의 세계를 치유함 없이 종교적 세계에 입문할 수 없다는 것이다. 무의식으로부터 의식을 거쳐 초의식으로 향하는 긴 여정 속에서 그의 통합론을 생각해야 할 것이다. 이 점에서 켄 윌버는 아리스토텔레스, 니체와 더불어 현대에 유의미한 사상가로 평가받고 있다고 생각한다.

여덟째 마당

기독교는 생태적 종교인가
: 기독교와 생태학의 관계에 대하여

첫째 주

기독교와 생태학
상호 어울릴 수 있는 주제인가

1. 일반적으로 기독교는 예수 믿고 죄 용서 받아 천국 가는 인간 중심의 신앙 양식이 아닌가

거리에 나가보면 지금도 '예수 천당 불신 지옥'이란 띠를 두르고 기독교에 입문하라고 소리치는 전도인을 만날 수 있다. 교회 안에서도 이런 분위기는 곧잘 감지된다. 신앙을 개인적 차원에서 더구나 영적 구원의 이름으로 일상에서 지은 죄를 예수 이름으로 사함 받아야 눈물도 고통도 없는 하늘나라를 보장받는 것쯤으로 가르치는 까닭이다. 이런 경우 기독교 신앙은 사회적 책무도 감당치 않을뿐더러 지구 생태계에 무관심하고 지구를 파괴하는데 일조하게 된다. 하늘나라가 최종 목표인 까닭에 지금 이곳에서 벌어지는 사태가 중하게 여겨질 수 없고 개인의 영적 구원이 핵심인 탓에 주변 및 지구 생태계에 관심을 둘 여지가 없는 것이다. 이런 이유로 기독교와 생태학을 관련짓는 일이 외형상 낯설고 무관한 듯 보이기도 한다. 생태학(Ecology)이란 학문은 본래 세상 내 만물이 관계 아닌 것이 없다는 이론에 기초한 것으로 지구 생명 그 자체를 소중히 여기는 것이기에 현실 기독교 신앙 양태와 생태학을 연결하는 것이 쉽지 않아 보인다.

2. 하지만 기독교가 고백하는 창조신앙은 생태학과 결코 무관한 주제가 아닐 듯한데

창조신앙은 하느님께서 세상을 선하게 지으셨다는 기독교 신앙의 또 다른 핵심으로서 세상을 악하게 생각하던 여러 사조들과 대립하면서 기독교가 지켜왔던 교리이다. 지금 이것을 창조과학, 지적설계론의 시각에서 과학화하는 것이 문제이나 창조론 그 자체의 본질은 '보기에 참 좋았던' 세상을 유지 존속시켜야 한다는 인간의 책임을 강조하고 있다. 따라서 인간 영혼 구원이나 천국 지향적 신앙 양식과 창조론 역시 함께하기 어려운 부분이 있다. 그만큼 현실의 교회가 성서가 말하는 신앙의 본뜻과 멀어져 있는 것이다. 과학자들이 걱정하듯 기후 붕괴로 오늘의 지구 생태계가 파멸에 이르지 않도록 유지 존속시키는 것이야말로 창조신앙을 고백하는 기독교의 책무일 것이다. 주일마다 교회에서 고백하는 <사도신경>이란 것이 있다. 그 첫 조항이 바로 전능하사 천지를 창조하신 하느님에 대한 고백이다. 그러나 인간의 영혼만 관심하고 천국만 바라보고 산다면 <사도신경>을 고백하는 것이 참으로 무의

미해지고 만다. 창조주 하느님을 고백하는 것은 그분이 선하게 지은 이 세상을 유지하고 관리하겠다는 인간의 책임을 동반하는 까닭이다. 이 점에서 창조신앙은 기독교적으로 이해된 생태학이라 해도 과언이 아닐 것이다.

3. 그럼에도 기독교가 생태계 파괴의 주범이란 비판도 적지 않은 것 같은데

린 화이트란 역사학자는 이미 <생태학적 위기의 역사적 뿌리>란 논문을 통하여 기독교가 반反생태적 종교임을 천명했다. 오늘의 생태적 위기는 기독교의 책임이 거의 전부라 해도 과언이 아니라는 것이다. 큰 반향을 일으켰던 본 논문을 부정할 수는 없으나 전적으로 긍정하기에도 문제가 있다. 기독교가 인간 중심적 종교로 발전했기에 인간 이외의 피조물을 함부로 다스렸고 자연의 물화物化에 기초하여 자본주의가 시작되었다는 점에서 기독교는 생태적 책임을 면할 길 없다. 기독교가 자본주의와 짝을 같이 해왔다는 것은 엄연한 사실이다. 오늘과 같은 다(초)국적 기업의 지배가 공공연한 현실에서 기독교를 후견했던 자본주의는 그 자체로 반생명적이다. 그러나 '전 세계적으로 볼 때 자본주의를 이겨본 종교, 이념, 사상 등이 존재하는가?'라고 물을 때 어느 누구도 자신 있게 대답할 수 없을 것 같다. 비록 특정 종교에 그 원인이 있긴 하지만 현실에서 그 실상을 극복할 수 없다면 생태계 문제는 인류 모두의 공통된 과제라 인식하는 것이 옳다. 더구나 기독교는 자연 속에 함몰된 인간을 자연 그 이상의 존재로 자각시킨 점에서 그 공헌이 적지 않다. 인간의 위치를 우주 속에서 독특하게 인정한 것은 대단히 중요한 일이었다.

그러나 그것을 인간중심주의로 변질시킨 것은 기독교가 고쳐야 할 일이다. 기독교는 결코 인간중심주의를 말하는 종교가 아닌 까닭이다.

4. 기독교가 생태적 위기의 이념적 토대로 평가되는 근본적 이유를 다시 듣고 싶다

종교개혁 이후 기독교는 근대 과학 문명을 발전시키는데 일조했다. 개신교를 추동한 종교개혁을 '근대의 여명'이라 역사학자들이 평가하는 것도 이 때문이다. 하지만 과학혁명은 중세기의 유기체적 자연관 대신 기계론적 자연관을 필요로 했던바 성서는 이런 자연관의 정신적 기초가 되었던 것이다. 구체적으로 언급하자면 창세기 1장 28절에 '땅을 지배하고 정복하라(Dominium Terrae)'는 구절이 있다. 당시 신학자들과 교회는 땅에 대한 정복을 하느님 형상인 인간에게 주어진 특권이자 축복이라 해석했다. 이런 신학적 해석은 과학혁명이 필요로 하던 기계론적 자연관 즉 자연을 죽어 있는 물질로 이해하는데 좋은 이념적 토대가 될 수 있었다. 또 당시는 식민지 국가를 찾기 위해 인도, 아프리카 등지로 유럽 열강들이 진출하던 시점이었다. 이들 기독교 국가들은 자연 혹은 땅의 범주를 유색인으로까지 확대 해석하였다. 백인 기독교인에 의한 유색인의 지배가 정당화 되었고 그곳 지역이 서구에 종속되기 시작한 것이다. 성서에 대한 잘못된 해석이 식민사관의 원리가 되었다는 것은 성서를 옳게 이해해야 할 책무를 불러일으킨다. 이런 정서는 본래 종교개혁 신학에서부터 찾아야 한다. '오직 믿음으로만'을 강조한 종교개혁은 사실 자연의 능동성을 강조한 가톨릭의 자연신학을 부정했던 까닭이다. '땅을 지배하라'는 성서 말씀은 동일 공간에서 살아야 하는 인간과 짐승들 간에 먹거리를 달리하여 땅의 평화를 이루라는 뜻이었다. 즉 짐승들은 땅에서 나는 풀을 먹고, 인간은 씨를 뿌려 경작해서 먹거리를 해결하는 방식으로 하나의 공간 안에서 평화롭게 살라는 것이었다. 기독교 중심의 과학혁명 시대가 자신의 과제를 정당화하기 위해 성서를 이념화시킨 점에서 기독교는 생태적 위기의 뿌리라 해도 과언이 아니다. 그러나 이념화된 기독교와 성서적 기독교는 구별될 필요가 있다.

5. 기독교는 이런 자신의 반(反)생태적 실상을 어느 시점부터 반성하기 시작했는가

1974년 아프리카 나이로비에서 열린 WCC 총회에서 기독교는 최초로 생태적 시각을 갖게 되었다. 인류의 무한 발전과 성장을 말했던 무수한 입장들과 달리 당시 로마클럽(Club of Rome)에서는 식량 위기 등을 근거로 인류의 미래가 불투명하다는 비관적 전망을 내놓기 시작했다. 식량 위기의 원인으로 기후변화, 농토 상실, 지력地力 약화 등이 거론됐고 이에 따라 자연 및 환경을 기독교 윤리의 대상으로 인식해야 한다는 논리를 펼치게 된 것이다. 지금껏 인간만을 다룬 종교에서 환경과 우주를 윤리 및 신앙의 초점으로 삼는 계기가 마련된 것이다. 이를 위해 과학기술 문명을 위한 이념적 후원자 역할을 하던 성서를 생태적 시각에서 새롭게 읽고자 하는 신학 운동이 생겨났고 소위 생태 신학이나 환경 윤리란 분야가 활성화되었다. 이후 한국교회협의회(KNCC)는 거듭 생태학의 문제를 창조론의 시각에서 풀어갔다.

둘째 주

오늘 인류가 직면한 생태학적 위기의 현실과 기독교의 책임

1. **생태학적 위기, 환경 위기란 말이 이해는 가나 실감되지 않는데 그 실상을 말해 달라**

　　기상이변이 생길 때마다 언론을 통해 생태적 재난 상황이 소개되나 시간이 지나면 관심을 갖고 성찰하는 이들의 수가 급격히 줄어든다. 하여 생태 위기를 알리는 현대판 예언자인 과학자들의 소리가 양치기 소년의 행태로 축소, 왜곡되어 왔다. 하지만 과학자들은 이 시점을 일컬어 기후 붕괴 시대라 규정한다. 흔히 사람들은 '무슨 이후(Post)시대'란 말을 많이 사용하고 있다. 포스트(脫)모던, 포스트(脫) 식민지 등 지금과는 다른 지금 '이후'의 시대가 도래할 것처럼 이야기를 많이 한다. 하지만 과학자들은 기후 붕괴를 맞이하여 더 이상 기대할 'post'의 시대가 현실적으로 불가함을 천명하고 있다. 46억 만 년이란 지구 역사 속에서 항상성을 유지했던 기후 체계가 급격히 무너짐으로써 하나밖에 없는 생명 공간이 실종될 수 있다는 것이다. 실제로 학자들은 90년 앞으로 다가온 22세기 내에 지구 온도가 6도까지 상승할 수 있다고 말한다. 이 정도가 되면 지구는 사실적 종말에 이를 수밖에 없다는 것이 과학자들의 판단이다. 물론 지구상의 인류가 총체적으로 종전과는 다른 삶을 살고 적게 소비하며 적정기술 내지 환경 우호적 기술을 통해 이산화탄소, 메탄 등의 배출량을 줄인다면 상황이 달라질 수 있겠으나 인구 증가가 계속되고 있고 조그만 불편도 감내치 못해 에너지 사용량을 늘려가는 전 지구적 현실에서 이런 기대가 현실이 되기 어렵다고 판단한다. 이 점에서 오늘의 환경 위기를 일컬어 '전 지구의 아우슈비츠화'라 한다.

2. 기후 붕괴 현실을 과학적 수치를 사용하여 좀 더 객관적으로 설명해 주면 좋겠는데

흔히들 대기 중 이산화탄소 농도를 측량하는 단위로 ppm이란 개념을 사용한다. 1ppm이란 대기의 일백만 개 입자 중 이산화탄소 입자가 하나 있는 상태를 칭한다. 일반적으로 대기 중 이산화탄소는 대략 0.3% 정도이다. 이를 ppm으로 표현하면 297ppm이다. 지구 역사 초기부터 지구환경은 이상과 같이 적정량의 이산화탄소를 필요로 했다. 이로 인해 지구 온도가 따뜻해졌고 광합성 작용이 가능했던 것이다. 그러나 계몽주의 이래로 과학기술 문명이 급속히 전개되면서 이산화탄소 비율이 350-360ppm으로 급속히 높아졌고 조만간 450ppm에 이를 것이란 견해가 지배적이다. 달리 말하면 지난 100년간 풍요롭게 살았던 인간 삶의 결과가 이산화탄소 비율을 높이고 지구 온도를 3도 이상 상승시킬 것이란 예언이다. 인류가 더 이상 자연을 개발하고 삶의 찌꺼기를 밖으로 배출하지 않더라도 지난 세기의 삶의 흔적들로 인해 이미 2-3도 상승은 명약관화明若觀火하다는 것이다. 이로부터 과학자들은 지구 온도가 2도 내지 3도 이상은 상승치 못하도록 국가 간 기후협약을 맺고자 하나 국가들 간의 이해관계로 인해 협약이 체결되지 않거나 체결했더라도 지켜지지 않는 경우가 허다하다. 이미 3세계 국가들에 폐해를 주면서 풍요롭게 살게 된 1세계 국가들을 빈국들이 곱게 보지 않고 개도국의 위상을 벗고 선진국으로 도약하려는 3세계의 노력을 환경친화적이지 않다는 이유로 1세계 국가들이 인정치 않고 있는 상황이다.

3. 지구 온도가 2-3도 상승하는 것이 눈앞의 현실일 것인바, 어떤 변화를 예상할 수 있을까

태평양의 한 섬나라가 점차 해수면 이하로 침잠해 간다는 소식을 자주 접했을 것이다. 온도 상승은 북극의 빙하를 녹여 해수면 상승을 불러온다. 특별히 한반도는 지난 100년간 지구상에서 해수면의 온도가 가장 높게 상승한 지역이다. 0.7도 이상 상승한 것으로 알려져 있다. 해수면 온도 상승은 엄청난 해일과 태풍을 동반할 것이며 집중적으로 비를 뿌려 육지의 피해를 가중시킬 것이다. 지구 온도가 조금 더 높아진다면 한반도는 아열대 기후로 변할 수 있고 그리된다면 5000년 동안 우리 민족이 일군 의식주를 비롯한 문화, 종교, 정치 등의 행태가 많이 달라질 수 있을 것이다. 지구 온도 상승이 주는 가장 큰 위협은 시베리아 동토(凍土)에 묻힌 메탄가스가 해빙되어 지면으로 배출되는 경우이다. 이산화탄소보다 훨씬 해를 미치는 메탄가스의 유출로 지구상의 기후가 급속히 상승될 개연성이 아주 큰 탓이다. 현재로도 지구와 바다가 이산화탄소 과다로 인해 엽기적 현상을 보이고 있다. 지구의 허파로 불리는 아마존 삼림이 이산화탄소를 배출하고 오히려 산소를 흡수하고 있다. 왜냐하면 대기 중 이산화탄소량이 많아 그것을 너무 많이 수용했기 때문이다. 바다에서는 물속에 녹아든 이산화탄소량의 과다로 바다 속 산소를 생산하는 말미잘 같은 식물들이 고사하고 있다. 이런 자연의 죽음이 일차적으로 가난한 이들의 죽음으로 이어지고 급기야 인류 모두를 아우슈비츠로 내몰 것이다.

4. 지속 가능한 개발, 혹은 녹색 성장이란 말이 있는데 이것이 실제 도움이 되는 것인지

전 지구적 생태 위기에 직면해 각 나라는 '지속가능성(Sustainability)'이란 단어를 화두로 삼고 있다. 자연을 개발하되 자연이 지속 가능한 상태를 유지할 경우에만 경제성장이 유의미한 것을 알기 때문이다. 그러나 실상 지속가능성과 개발, 녹색과 성장이란 말은 상호 어울리지 않는다. 지금 생태계 현실은 이 두 개념을 공존시킬 수 있을 만큼 안정적이지 않다. 오히려 개발, 성장이란 말보다는 창조적 퇴보, 뒷걸음치기 등이 더 어울리는 말이라 생각한다. 환경학자들은 인류가 살아야 할 새로운 가치로 단순성을 말하기 시작했다. 자동차보다는 걷기, 세탁기보다는 빨래줄, 에어컨보다는 부채 등을 선호하는 생태적 삶을 살아내는 것이 중요하다. 한국의 경우 4대강 살리기를 녹색 성장이라고, 핵 발전을 무공해 에너지라고 하는데 이것은 지속가능성의 개념과 너무도 멀다. 지속가능성을 옳게 사용하려면 인류는 대기 중 이산화탄소량을 과학혁명 이전 수준으로 되돌려 놓아야 마땅하다. 하여 한국에서 열렸던 전 세계 기독교인들의 모임인 JPIC(정의, 평화, 창조질서 보전)에서는 1990년을 기점으로 줄여야 할 이산화탄소량을 정해 놓았었다. 물론 국가 간 이산화탄소 거래를 인정하는 조건에서 말이다. 지금은 경제성장이 능사가 아니라 이산화탄소 감량이 인류의 미래를 위한 최고의 관심사가 되었다.

5. 그렇다면 기독교를 비롯한 종교는 기후 붕괴 시대를 어찌 이해하고 그 책임을 다해야 하겠는가

우리 시대 종교의 최대 과제는 생태계 위기 현실을 타파하는데 있다고 본다. 하지만 불행히도 한국의 종교들은 예외 없이 자본주의에 잠식되어 버렸다. 2년 전 영국 BBC가 전언한 바에 의하면 OECD 국가 중에서 욕망 지수가 가장 높은 나라로 한국을 꼽았다. 포르노를 가장 많이 보는 나라, 성형수술이 성한 나라, 명품 짝퉁을 선호하는 나라, 자연을 개조하는 토건 사업이 발달한 나라⋯⋯. 이처럼 여러 부분에서 대한민국이 1등이란 것이다. 상식적으로 욕망 지수는 종교의 성함과 반비례한다. 그런데 한국만큼 종교가 성한 나라가 없음에도 욕망 지수가 가장 높게 나온 것은 이 땅 종교들의 무용론을 언급할 여지를 준다. 여기에는 기독교를 비롯하여 불교, 가톨릭, 유교 등 예외가 없을 것이다. 이 점에서 종교 간 대화가 인류가 직면한 기후 붕괴에 초점을 두는 것도 좋은 일이다. 이를 위해 종교는 저마다 자신의 가르침에 근거하여 단순성을 살려낼 수 있는 힘을 선사해야 할 것이다. 최소한의 물질로 사는 삶을 가르치고 모범을 보이는 것이 이 땅의 종교인들이 해야 할 일이다. 종교 지도자들이 높은 자리에 오를수록 더 큰 차를 타고 다니는 것이 결코 좋아 보이지 않는다.

셋째 주

기후 붕괴 시대에 기독교는
성서를 어떻게 읽고 가르치는가

1. 잘 망가트려 본 자가 고치기도 잘하는 법이다

종종 불교 생태론자들과 만나 기후 붕괴의 해결책을 논할 때가 있다. 이 경우 불교 측 학자들은 지금껏 환경을 다 망쳐 놓은 기독교가 생태 문제를 해결할 지혜를 제시할 수 있는 것처럼 생태 신학, 환경 윤리 등을 말하는 것에 대해 의문을 제기하고 의아해한다. 기독교를 단정적으로 반생태적으로 규정하는 것이다. 이에 대해 필자는 한편 수용하면서도 이의를 제기하곤 했다. 예컨대 TV나 라디오를 망가트려 본 경험이 있는 사람이 그것을 쉽게 고치기도 하는 법이다. 동양 종교들은 스스로 생태적 사유와 밀접하다고들 말해 왔다. 그러나 그들 종교가 대세인 아시아 지역에서조차 환경 위기가 급증하며 기후 붕괴가 가속화되는 상황을 어찌 설명할 수 있을지 모르겠다. 오늘의 현안은 생태 위기를 극복할 수 있는 세계관적 지혜를 찾는 것이 중요하다. 지금 다르게 살 수 있는 행동이 급선무이다. 이 점에서 생태계 문제에 책임을 벗기 어려운 기독교가 기후 붕괴 극복을 위해 앞장서고 있다는 점은 높이 평가할 사안이다.

2. 그렇다면 기독교는 지금 어떤 방식으로 생태계 위기 극복을 위해 노력하고 있는지

그간 과학 발전의 토대로서 기계론적 자연관을 형성하는데 이념적 토대가 되었던 성서를 생태학적 시각에서 다시 읽고 사유하는 길을 모색하고 있다. 일주일에도 서너 번씩 모이는 예배 행위를 통해 성서 메시지를 생태적으로 전달할 경우 실생활에 미치는 파장이 적지 않을 것이다. 기독교는 1970년대 후반 이래로 소위 생태학적 성서 해석이란 이름 하에 성서에 대한 이해를 달리하기 시작했다. 물론 성서 안에는 생태적 위기란 말이 없고 그런 상황을 경험해 본 적도 없으나 오늘의 상황(Context)이 텍스트(성서)의 의미를 결정해 주기도 하는 까닭이다. 따라서 기독교는 아무리 권위를 지니는 텍스트(경전)라 할지라도 물음이 없으면 대답을 줄 수 없다는 입장을 견지했다. 예수가 자신의 삶에서 '대답'이라 고백하는 사람일수록 치열하게 물어야 할 것은 오히려 자신이 직면한 문제 상황이라는 것이다. 즉 자신의 문제가 무엇이기에 예수가 대답인지를 고민하는 것이 중요하다. 페미니즘과 이웃종교들과의 관계도 마찬가지이다. 가부장적 시대에 쓰인 성서이기에 오늘과 같은 여성 인식이 그 속에 담길 수 없는 것은 주지의 사실이다. 고대 근동지방이라는 특수한 환경에서 태동된 기독교가 유불선과 같은 종교 세계를 알 수 없는 것 역시 당연한 사실이다. 그러니 그렇게 쓰여진 성서 언어가 시대가 직면한 모든 것에 대한 답이 될 수 있다는 것은 무리이다. 성서가 인간 삶에 단지 돌덩이와 같은 규범으로서가 아니라 살아 숨 쉬게 하는 생명의 떡이 될 수 있으려면 먼저 치열하게 자신의 시대, 자신의 상황을 물어야 할 것이다. 이 점에서 기독교는 생태학적 성서 해석을 통해 성서가 기후 붕괴에 대한 확실한 대답이 될 수 있음을 강조하고 있다.

3. 그렇다면 생태적 성서 해석의 구체적 실례를 말해 달라

성서가 인간중심주의를 표방한다고 알려져 있으나 실상은 그렇지 않다. 창세기가 말하는 창조신앙은 인간을 정점에 두고 인간에 의한 자연 세계의 지배를 정당화하는 것이 아니라 그 핵심은 하느님 보시기에 좋았다는 안식일에 있다. 하느님께서 생명체가 살 수 있는 기본 토대인 시공간을 만드신 후 그곳을 푸른 생명체로 채우셨고 조류, 해류, 포유를 비롯한 생명체를 출현시켰다. 이런 창조 작업 후 그분은 당신이 만든 세계가 조화롭게 유지되는 것을 보고 "참 좋다"고 말씀하시면서 안식하신 것이다. 기독교 창조신앙의 정점은 인간 창조에 있는 것이 아니라 인간을 위시한 모든 생명체가 하느님 창조 공간에서 함께 존속하는 사실에 있다는 말이다. 따라서 인간이 하느님께 범죄하면 인간 간에 갈등이 뒤따르고 결국 자연이 인간을 거부하고 먹을 것을 주지 않는다고 창세기는 말하고 있다. 역으로 인간이 하느님께 돌아오면 마른 땅에서 물이 흘러 옥토를 만들고 자연이 먹을 것을 내는 것도 사실이다. 이는 천지인

天地人 상관성의 성서적 표현으로서 인간은 삼라만상과 운명공동체로 살 수밖에 없고 창조신앙은 결국 모든 것이 관계 아닌 것이 없다고 보는 생태학적 사유와 일치하는 것이다. 그러나 성서는 이런 생태공동체 안에서 인간이 오만해지면 하느님의 피조 세계를 위해 인간을 가차 없이 벌하고 추방하는 모습도 보인다. 결국 기독교가 추구하는 세계는 어린 아이가 사자와 함께 뛰놀고 독사의 굴에 손을 넣어도 해를 당치 않는 생태적 현실이다. 이처럼 성서는 모두가 함께 나누는 생명을 가장 중요한 가치로 인정하고 있다.

4. 지금까지는 구약성서의 이야기인데 신약성서도 그런 생태적 진리를 표방하는가

신약성서는 기본적으로 성서의 하느님이 인간의 몸을 입고 이 땅에서 사셨던 기록을 담고 있다. 그런데 신이 인간이 되었다는 것은 본래 시공 속에 제한될 수 없는 분이 육체를 입고 스스로 한정된 사건을 의미한다. 이때 육신을 말하는 희랍어 '싸르크스'는 단지 한 개인의 몸을 말하는 것만이 아니라 물질, 나아가 우주 삼라만상을 뜻한다는 것이 성서학자들의 견해이다. 그렇다면 신약성서는 우주 만물 속에 하느님이 거주하며 이것들을 떠나서는 하느님을 만날 수 없음을 알리는 셈이다. 이 점에서 예수는 들의 백합화와 공중을 나는 새를 통해 하늘 아버지를 보라고 우리의 눈을 자연으로 이끌고 계신다. 이것은 성서가 기계론적 자연관을 이념적으로 뒷받침하는 것이 아님을 적시한다. 예수께서 종종 기적을 베푸시곤 했는데 그 범위가 인간의 육체에까지 이르렀다는 것 역시 생태적 의미가 적지 않다. 지금껏 기독교는 영적 종교로만 알려져 왔는데 하느님의 사랑이 인간의 육체에까지 미친다는 것은 중대한 발견이다. 신약성서 곳곳에서 하느님은 만물 위에 계실뿐 아니라 만물 안에 계시고 만물을 통해 일하시는 존재인 것을 강조하고 있다.

5. 기독교 교회가 어떤 식으로 기후 붕괴 시대를 극복하고 있는지, 그 실상은

물론 모든 교회가 생태 의식을 갖고 예배를 드린다고는 볼 수 없다. 하지만 상당수 교회는 환경선교위원회를 조직하여 환경을 선교의 주제로 삼고 있다. 아낌없이 주는 나무처럼 모든 것을 인간에게 주고 헐벗은 자연을 위해 이제는 인간이 무엇인가를 되돌려 주어야 한다는 차원에서이다. 교회 지붕에 태양광 발전을 위한 설비를 한다든지, 일회용 컵을 마구 버리게 되는 자판기 설치를 금한다든지, 자신이 지닌 것들을 나눠 쓰고 바꿔 쓰는 것이든지, 탄소 발자국을 계산하여 환경 헌금을 납부한다든지 등등의 방식들이 있다. 농촌 목회자들이 농촌에서 정주하며 살 수 있도록 배려하고 도·농간에 농산물 직거래하는 일도 잘되고 있다. 무엇보다 윤리적 소비란 이름하에 생산, 유통, 소비되는 전 과정에 대한 책임 있는 성찰을 하는 삶도 교회에서 가르치는 중이다. 교회들의 연합 기관인 기독교환경운동연대가 조직되어 지구의 날(4월)과 세계 환경주일(6월)을 위한 행사를 준비하며 최근에는 몽고 지역 나무 심기 운동을 대대적으로 벌이고 있기도 하고 골프장 건설 반대를 비롯하여 후쿠시마 참사를 경험한 이래로 대대적으로 반핵 운동을 이끌고 있다.

넷째 주

기독교 신학계의 새로운 흐름인 생태 신학과 생태 윤리에 관하여

1. 기후 붕괴 현실에 대한 대응으로서 생태 신학은 어떤 것인가

　우선 생태 신학은 여성 신학, 민중 신학 등과 함께 그간 역사 속에서 제대로 주체로 대접을 받지 못한 것에 대한 반성에서 비롯되었다. 생태 신학은 자연을 신학의 주체로 삼은 신학의 재구성으로 기독교가 인간 중심주의를 토대로 자연 지배와 정복이 아닌 자연과의 공존과 화해를 추구하는 종교인 것을 피력하고 있다. 특별히 생태 신학은 여성 신학과 연결되어 생태여성주의(Ecofeminism)란 이름으로 전개되고 있다. 생태여성주의는 자연과 여성의 운명이 동同근원적인 것에 주목하여 여성주의를 생태적 문제를 해결하는 단초로 삼고자 하는 것이다. 즉 역사 속에서 어머니인 자연이 계모, 마녀 그리고 근대에는 창녀의 메타포로 이해되었음을 밝히며 기후 붕괴의 현실에서 여성이 다시금 자연을 살리는 주체로 역사의 전면에 설 것을 요청하고 있다. 물론 여기서 말하는 여성주의란 단지 성(性)으로서의 여성일 뿐 아니라 탈(脫)가부장주의 즉 하이어라키적 세계관 일체를 버리는 삶의 가치관이라 하겠다. 최근에는 아시아 종교들을 토대로 자연 속에서 신성을 발견하려는 심층생태학이 대두되었고 기독교 생태 신학 역시 심층생태학과 잇대어 발전하고 있는 추세이다. 이 과정에서 기독교 역시 초월적인 종교만이 아니라 내재적인 종교라는 인식이 확산되고 있다. 생태학의 어원인 '오이코스'가 본래 '모든 것은 모든 것과 더불어 관계되어 있다'는 원리를 적시하는 것인바 하느님도 세상과의 관계없이는 존재할 수 없다는 것이다. 생태 신학이 말하는 하느님이란 종전과 달리 모든 것과 관계 맺을 수 있는 존재를 뜻하게 되었다.

2. 기독교가 초월적일 뿐 아니라 내재적인 종교라는 것을 구체적으로 설명한다면

지금까지 기독교는 역사 초월적인 계시종교라 하여 하느님을 '전적 타자'라 여겼다. 따라서 하느님은 세상을 일회적으로 창조하시고 세상 밖에 거주하는 분이라 생각했다. 하지만 누차 강조했듯이 하느님은 세상 안에서 세상과 더불어 활동하신다는 것이 성서의 가르침이었다. 하여 생태 신학은 종래의 초월 신관 대신에 범재신론(Panentheism) 아래 성서의 하느님을 새롭게 표현하는 일에 관심했다. 범재신론은 신이 곧 자연이라는 범신론과 달리 하느님과 세상간의 차이를 인정하면서도 양자 간의 같은 점을 부각시키고 있다. 즉 생태 신학은 세상을 하느님의 몸이란 비유를 통해서 이해한다. 세상이 하느님 몸인 까닭에 세상과 하느님은 결코 다를 수 없다. 하지만 인간이 몸만이 아니라 정신을 지닌 것처럼 하느님 역시도 몸으로만 존재하는 분이 아닌 까닭에 이들은 결코 하나가 될 수는 없다고 본다. 그러나 여기서 중요한 것은 세상 곧 우주 자연이 하느님의 몸인 이상 자연 생태계의 고통은 하느님 자신의 고통이 될 수밖에 없다는 점이다. 이런 생각의 철저화가 하느님이 구체적으로 몸으로 세상에 왔다는 성육신 사상이다. 세상을 하느님의 몸으로 비유하는 과정에서 우리는 다시금 에코페미니즘을 생각할 수 있다. 자식을 자신의 몸을 통해 낳은 어머니에게 자신과 자식은 같지 않으나 결코 둘이라 할 수 없다. 따라서 진정한 범재신론은 가부장주의가 아닌 페미니즘 속에서 더 잘 이해될 수 있다는 것이 생태 신학의 지론이다.

3. 그렇다면 하느님 형상으로서 인간에 대한 이해도 달라져야 할 것인데

주지하듯 기독교 신학은 세상을 창조하신 초월적 하느님을 닮은 유일한 존재가 인간이라고 여겨왔다. 소위 '하느님 형상'(Imago Dei)이 바로 그것이다. 반면에 자연과 여성은 '하느님의 흔적'이란 말로 하느님 형상과 구별해서 사용했고 이에 근거하여 이들 존재를 지배하고 정복했던 것이다. 하지만 생태 신학은 하느님 형상을 인간의 특별한 속성을 적시하는 정적 개념으로 여기지 않고 동적인 차원에서 이해한다. 인간은 하느님께서 세상을 사랑하는 것처럼 그렇게 세상을 사랑하는 동적 존재가 되어야 한다는 것이다. 달리 말하면 자연과 우주를 사랑하고 지켜낼 수 없다면 인간 역시도 신적 형상이라 할 수 없다는 것이다. 물론 이전에도 인간의 청지기성을 강조해 왔었다. 자연과 땅을 잘 관리하는 존재가 되어야 한다는 것이다. 이 말도 틀린 것은 아니나 생태 신학은 이 개념의 부족함을 지적한다. 청지기성이라는 말 속에는 여전히 인간과 자연을 분리해서 보려는 관점이 지배적인 까닭이다. 따라서 생태 신학은 자연 속에서 나그네처럼 살기를 강조한다. 나그네란 소유와 정복과는 무관한 존재이다. 순례자의 영성을 지니고 살라는 것이다. 인간이 땅의 주인이 아니라 나그네란 생각이 달라진 자연관에 적합한 인간 이해라 보고 있다.

4. 기독교 생태 윤리의 시각에서 최근 논의되는 핵 발전소에 대한 입장을 정리해 달라

체르노빌와 후쿠시마에서 엄청난 규모의 핵 재난을 경험한 바 있다. 이를 계기로 독일에서는 핵 발전소를 포기하는 쪽으로 방향을 잡았고 프랑스는 그런 결정을 하지 못한 것 같다. 일본에서도 전력난으로 고통을 감수하면서도 핵 발전을 불허하려는 시민들의 중지가 모아지고 있다. 기독교 생태 윤리의 시각에서 핵은 무엇보다 반反신학적이다. 창조 질서 곧 자연 따라 사는 삶의 방식이 아닌 까닭이다. 에너지 부족을 이유로 핵을 사용하려는 것은 미래를 생각지 않는 일이자 현실의 평화를 깨는 일이고 불안을 가중시키는 일이다. 한국에서도 고리 발전소의 잦은 고장으로 지역 주민뿐 아니라 우리 모두에게 공포감을 안겨주고 있다. 이것은 결국 세상의 평화를 목적하는 하느님의 관심과 거리가 너무 멀

다. 무엇보다 핵 발전은 결과 예상적인 행위가 아니라 목적 지향적 단견이라는 데에 문제의 심각성이 크다. 더구나 핵은 자연 속에 없었던 것을 인공적으로 조작한 결과물이다. 결국 핵은 인류의 미래 세대를 오늘을 위해 저당 잡는 일이 아닐 수 없다. 그럼에도 오늘 우리 대다수는 핵 발전에 있어 공범자나 다름없다. 우리가 지금처럼 에너지를 함부로 사용한다면 말이다. 에너지 절약을 비롯하여 대체에너지 개발을 위한 노력과 불편을 감수하는 것이 개개인에게 부과된 책무로 여겨지고 있다. 이는 결국 종교가 정치, 경제 문제에 무관할 수 없는 이유라 하겠다.

5. 생태 신학, 생태 윤리 관점에서 인류는 기후 붕괴 시대를 극복할 수 있겠는가

어려운 문제이나 기독교를 비롯한 일체 종교는 인류가 총체적으로 겪고 있는 기후변화의 문제에 적극 관여해야 옳다고 본다. 종교들이 인간의 내적 문제에만 관심하면서 은총이란 이름에 매달리기만 해서는 현실의 난관을 쉽게 피해갈 수 없다는 것이다. 하지만 작금의 종교는 세상 모든 것이 그렇듯 자신 몸 불리기에만 관심 있어 보인다. 기후 붕괴라는 과제 앞에 누구도 솔직하게 맞서려 하지 않고 있다는 것이다. 세상을 위해 종교가 제 역할을 상실해 가는 시점에서 기후 붕괴의 도전은 종교를 다시금 활력 있게 만들 수 있다는 것이 필자의 생각이다. 물질 만능의 시대에서 '최소한의 물질로 살기'는 종교의 힘없이는 불가능하다고 판단된다. 아무런 노력 없이 기후붕괴는 해결될 수 없고 금세기 안에 하나뿐인 지구의 멸망이 가시화될 수도 있을 것이다. 그러나 가장 어려울 때

종교가 빛나는 법이고, 종교가 그 일을 위해 쓰임을 받을 수 있다는 것을 믿어 의심치 않는다. 단순성과 협력, 이것이 환경학자들이 보는 미래의 대안적 가치라 한다면 종교는 교파로 나뉘어 종교 세(勢)를 불리기보다 상호 협력하되 지금보다 단순하게 살 수 있는 인간상, 인간의 '나그네성'을 발견하도록 해야 할 것이다. 종교들의 새로운 가르침으로 기후 붕괴 시대가 극복되기를 희망한다.

아홉째 마당

토착화 신학자들
: 기독교는 과연 이 땅에 뿌리내릴 수 있겠는가

첫째 주

기독교와 한국 문화의 만남
그 연속성에 대하여

1. 한국 기독교 역사에서 토착화의 문제의식 곧 기독교의 뿌리 내리기가 시작된 시점은

토착화 신학이란 말로 본격적으로 기독교와 한국 종교 문화 간의 만남이 시도된 것은 1960년대이지만 그 단초는 이미 기독교 유입 초기에 감리교회 안에서 시작되었다. 서세동점의 시기에 유불선 종교에 심취했던 한국의 진보적 지성들이 자신의 과거를 버리고 기독교를 비롯한 서구 문물에 마음을 빼앗기던 당시 한국인으로서 정동감리교회의 초대 목사가 된 유학자 출신의 최병헌 목사는 '서양지천즉동양지천西洋之天則東洋之天'이란 말로서 양자 간의 연속성을 강조했던 것이다. 동양의 하늘과 서양의 하늘이 다르지 않다는 이런 발상은 서구적 가치가 대세인 시점에서 대단히 드문 경우였다. 이런 시각에서 최병헌은 감리교신학대학교의 전신인 협성신학원에서 비교종교학을 가르쳤다. 이후 감리교회의 기본 정조(ethos)가 된 그의 문제의식은 기독교 복음과 한국 종교문화를 이분법적으로 나누지 않았고 이 둘의 관계를 접목시키는 신학적 작업으로 발전하였다. 이로써 개신교단 안에서 감리교회는 토착화 신학의 산실이란 호칭을 얻게 되었다.

2. 감리교단 안에서 토착화가 발생했다면 그 속에 이를 수용할 만한 이해 구조가 있었을 터인데

주지하듯 개신교 내에 수많은 교파가 있고 감리교도 그중 하나이다. 감리교단은 한국에서 가장 큰 교단인 장로교와 더불어 개신교단을 이끌어 왔다. 교회적 현실에서는 차이가 드러나지 않으나 이들 간의 신학적 차이는 실상 적지 않다. 경험주의를 강조한 영국 토양에서 생겨난 감리교회는 인간의 타고난 본성, 이성 등의 생득적 능력을 중시하였다. 창시자 요한 웨슬레는 이성을 부정하는 것은 종교를 부정하는 것과 같다고 말하면서 인간의 자유의지를 높게 평가했다. 이는 신에 의해 인간의 운명이 예정되었다고 믿은 장로교와 비교할 때 상당한 차이를 보이며 그래서 종종 대립한 적도 있었다. 아울러 미국 감리교회가 파송한 첫 번째 선교사 아펜젤러는 한국인들의 종교적 심성을 부정하기보다는 높이 평가하는 입장이었다. 이들이 지닌 전통적 하느님 신앙이 얼마나 경건한지를 감지했던 것이다. 정동감리교회에서 최병헌 목사와 함께 사역했던 관계로 아펜젤러의 이런 시각에 그가 고무되었을 것이라 판단

할 수도 있겠다. 물론 가톨릭교회의 자연신학 전통과는 다르지만 감리교회가 가톨릭에 근원을 둔 성공회로부터 분기한 것도 토착화를 시작할 수 있었던 토양이라 생각한다. 자연신학이란 이성, 종교, 문화 등 자연적으로 형성된 일체가 모두 초자연의 흔적을 담고 있는 것으로서 폐기되어야 할 것이 아니라 궁극적으로 초자연(기독교)에 의해 완성되어야 한다는 가톨릭교회의 기본 입장이다. 하지만 감리교단의 토착화론은 가톨릭의 자연신학과 같지 않다.

3. **최병헌에 이어 토착화론을 펼쳐낸 일련의 흐름이 감리교단 내에 어찌 형성되었는가**

비록 한 사람의 시작이 미미했을지 모르지만 한국 문화의 정체성과 주체성을 소중하게 생각하려는 문제의식은 결코 사라지지 않았고, 이후 감리교회의 신학자들에 의해 계승, 발전되었다. 우선 1930년대의 신학자 정경옥은 최초의 미국 유학생이었음에도 서구 기독교 신학에 경도되지 않았고 다른 교단 신학자들과 달리 초자연적 계시(기독교 복음)를 긍정하는 것이 이웃종교를 부정할 이유가 될 수도 없고 되어서도 안 된다고 설파했다. 양자를 연속선상에서 이해했던 최병헌의 시각을 잇고 있는 것이다. 한국 기독교계의 최고 영성가로 꼽히는 이용도 목사 역시 신학자는 아니었으나 한국적 심성으로 기독교를 전한 대표적 토착화론자로 꼽힌다. 모친의 영향으로 무속적 영성 속에서 피워낸 기독교적 사랑은 당시 많은 사람을 기독교 신앙으로 이끌었다. 이후 60년대에 이르러 유동식, 윤성범 그리고 변선환과 같은 굵직한 토착화 신학자들이 배출되었고 이들은 저마다 무속, 유교 그리고 불교와의 대화를 통해 기독교와 이웃종교들 간의 관계를 학문적으로 전개했다. 또한 이들은 수많은 제자를 키워 그 뒤를 계승토록 했다. 현재 감리교 신학자들 중에 이들의 영향을 받아 종교 간 대화 내지 토착화론에 관심하는 학자들의 수가 수십 명에 이르고 있다.

4. 특별히 60년대에 토착화론의 불꽃이 재점화된 특별한 이유가 있었는지

주지하듯 60년대는 한국 역사에서 민주화의 욕구가 분출되는 격동기였다. 이 시기 민중 신학이 태동된 것도 한국 신학사에서 대단히 중요한 사건이다. 바로 이런 시기에 유동식, 윤성범 두 분에 의해 토착화 곧 한국 종교 문화 속에 기독교를 뿌리내리는 관심이 표출된 것은 시대 정황상 납득될 수 없는 부분이 있다. 따라서 이 시기 두 분의 토착화 신학 운동은 민중 신학자들에 의해 신학적 사치로 폄하되었고 보수 장로교단으로부터는 종교 혼합주의로 매도되었으며 정작 감리교단으로부터도 교인 수를 떨군다 하여 제재가 적지 않았다. 하지만 유동식에게 들은 바에 의하면 그는 30여 년간 일본에 우리 것을 빼앗기고 살던 현실에서 이제 맘껏 우리 것을 말하고 펼칠 수 있는 상황이 도래한 것이 너무도 행복했다고 한다. 민주화의 문제가 심각하고 중대한 사안이지만 그것은 우리 민족 내부의 문제이기에 우리 것을 찾는 일에 비하면 오히려 작게 느껴졌다고까지 말한 바 있다. 빼앗겼던 우리 것, 우리 문화, 우리 종교를 말하지 않고 기독교를 전한다고 하는 것이 이분들에게는 주체성의 상실이자 혼과 넋의 패배라 여겨졌던 것이다. 이처럼 토착화론 논쟁은 민주화의 열기가 가득하던 시점에서 생겨났다. 우리 것에 대한 토착화론의 동경과 열망이 때론 정치적 무감각으로 빠진 적도 없지 않았다. 이 점에서 토착화론의 다음 세대인 변선환 박사는 문화적 토착화론 속에 정치적 감각을 불어 넣고자 혼신의 힘을 다한 바 있다.

5. 60년대 이후부터 본격화된 토착화론의 핵심 과제를 다시 정리해 보면

앞으로 몇 번에 걸쳐 살펴보겠으나 토착화론의 핵심 요지는 한국인에게 성서의 가르침이 제대로 뿌리 내리려면 무엇보다 먼저 한국인의 마음 밭을 알아야 한다는 것이다. 지금껏 예수의 복음이 서구적 토양에서 그들의 사유 구조 속에서 언표 되었다면 이제부터는 복음이 한국인의 정서와 사유 토대에 맞게 재해석될 필요가 있었다. 이 점에서 유동식은 무속에 대한 이해를 통해 오히려 복음의 진수를 더 잘 깨닫게 되었다고 고백했으며 윤성범은 서구 개인주의 풍토에서 이해된 기독교가 아니라 유교 문화의 공동체성 즉 효孝의 관계성의 빛에서 복음을 이해하는 것이 한국인에게 설득력이 있다고 확신했다. 총체적으로 달리 말하면 예수의 삶과 사상이 서구 헬라의 풍토에서 해석된 것이 목하의 기독교라면 이제 예수의 복음을 아시아적 사유 토대 속에서 달리 표현해 보자는 것이다. 예컨대 예수의 하느님 이해가 헬라 철학의 로고스 개념으로 해석되었다면 이제는 불교의 공空이나 유교의 효孝 개념의 빛에서 달리 해석할 수도 있다는 것이다. 그럴 경우 동이 서에서 먼 것처럼 만날 수 없었다고 생각했던 두 종교가 아시아에서, 한국 땅에서 깊게 만날 수 있다고 확신했던 것이다.

둘째 주

토착화 신학은 어떻게 하는 것인가
: 토착화 신학의 방법론 문제

1. 토착화 신학을 이해할 수 있으나 어떻게 하자는 것인지

거듭 말하지만 토착화 신학이 기독교를 한국적 토양 속에 더 잘 이해시키려는 학문적 노력이자 선교적 차원을 지녔음에도 현장 교회에서는 크게 환영 받지 못했다. 기독교의 절대적 우위성 내지 복음의 순수성, 초월성을 강조했던 기독교회가 기독교와 한국 문화의 관계를 주체와 주체로서 이해하려는 토착화 시도를 불편하게 여겼던 까닭이다. 그런 까닭에 보수 기독교 신학자들 중에서는 '화분론'을 비유로 들며 서구에서 발생된 기독교를 서구 문화와 함께 통째로 들여와서 잘 키우는 것을 급선무로 여겼고 이를 근거로 토착화를 거부했다. 화분 속의 토양과 꽃은 서구 문화와 그 속에서 성장한 기독교를 뜻하는데 화분 자체를 수입하는 것만이 기독교의 할 일이라 여긴 것이다. 토착화 신학자들은 이렇듯 서구 기독교에 경도된 보수 신학자들의 공세에 시달려야만 했다. 이런 상황에서 화분론에 이의를 제기하며 다양한 토착화 신학 방법론을 발전시켰다. 종자론, 누룩론, 접목론 등이 그것이다.

2. 토착화 신학의 방법론으로서 종자론은 무엇인가

    토착화 방법론으로서 종자론은 특히 윤성범 교수에 의해 주창된 것으로 화분론에 대한 이의 제기에서 비롯했다. 즉 서구 기독교가 표방한 복음은 일종의 씨앗(종자)이므로 그것이 한국이란 토양 속에서 뿌리내려야 한다는 것이다. 서구적 토양(문화)까지 그대로 이식하는 것은 문화적 종속일 뿐 기독교를 옳게 수용하는 방식이 아니라는 생각에서이다. 같은 씨라도 토양에 따라 비록 본질은 변하지 않을지라도 색상이나 크기는 조금씩 달라질 수 있다고 적시했다. 이런 종자론은 기독교를 수용하는 문화나 풍토의 주체성 혹은 역동성을 강조하는 것으로 복음의 수용 과정이 결코 일방적이지 않음을 명시한 것이다. 실제로 기독교 역사 속에서 아프리카, 유럽, 남미 대륙의 기독교가 조금씩 그 형태를 달리해온 것은 부인할 수 없는 사실이다. 따라서 한국 풍토에서는 한국적 기독교가 생성되어야 마땅한 일이다. 하지만 교회에선 이를 종교적 혼합주의라 하여 달갑게 생각하지 않았다. 복음의 순수성은 토양에 의해서 결코 훼손될 수 없다는 것이다. 윤성범 교수는 본래 토양에 의해 씨앗이 다르게 개화될 수 있음을 강력하게 시사했다. 구체적으로 그는 예수를 모름지기 효자라 생각했다. 서구인들이 구세주로 여긴 것과는 사뭇 다른 관점이었다. 제 뜻 버려 하늘 뜻 구한 예수야말로 동양적(유교적) 풍토에선 효자일 수밖에 없고 그의 지극한 효성이야말로 서구인들이 말하는 신앙에 해당될 수 있다고 본 것이다. 기독교가 유교적 토양에서 이렇듯 달리 이해될 수도 있음을 윤성범은 주장하였다.

3. 누룩론은 무엇을 말하는가

누룩론은 토양의 역할을 강조하는 종자론과 달리 씨앗 자체의 변혁적 힘에 무게중심을 두는 토착화 방법론이다. 미국 신학자 라차드 니버의 의견을 변용시킨 것으로서 복음을 문화의 변혁자(Transformer)로 이해한 것이다. 누룩이란 본래 술을 만들 때 그 재료인 곡식을 변화시키는 효소를 일컫는다. 누룩론에서는 기독교 복음이 한국 문화 속에 뿌리 내릴 때 그 문화를 변혁시키는 방식으로 그려진다고 본다. 따라서 여기에는 한국 문화가 그 자체로 정당화되지 않는다. 그렇다고 한국 문화와 종교를 그 자체로 악이라 여기는 것도 아니다. 단지 누룩이 그렇듯 기독교가 문화를 변혁시킬 경우 한국 문화가 쓸모(有用)있게 된다는 것이다. 이런 누룩론은 종자론이 종교혼합주의로 비판 받은 시점에 나온 것으로 실상은 화분론과 유사한 측면이 많다. 누룩론이 토착화론의 한 방법론으로 평가받는 것은 한국 문화 그 자체를 버려야 할 것으로 여기는 배타주의적 시각과는 분명이 다른 까닭이다.

4. 접목론은 생물학적 용어일 터인데 토착화론의 방법론으로 어찌 사용 되는가

접목론은 나무와 나무를 접붙일 때 쓰이는 용어이다. 특별히 유동식 교수에 의해 제시된 것으로 접목론은 기독교와 한국 문화를 각각의 독자적 주체로 인정하는 진일보된 시각을 견지한다. 즉 기독교 복음이 살아 움직이는 생명력을 지녔듯이 그것을 받아들이는 한국적 문화, 토양도 생명력을 지닌 주체란 사실이다. 그렇기에 복음의 토착화란 살아있는 나무들이 접붙여지듯 생명력을 지닌 주체들 간의 만남이란 점에서 대단한 해석학적 가치를 지닌다. 유동식 교수는 이 땅의 문화를 가지가 잘린 채 밑동만 남은 뿌리 같은 생명력이라 여겼다. 즉 잠재력은 충분한데 그간의 잘못과 오용으로 인해 줄기와 잎을 고사시켜 버렸다는 것이다. 그럼에도 밑동 속에 다시금 생명력을 만개시킬 힘이 잠재되어 있음을 부인하지 않았다. 이 점에서 토착화는 기독교 복음이 한국 문화라는 뿌리에 새 힘을 지닌 가지로 접목되는 것을 뜻한다. 생명력을 지녔으되 그를 꽃피우지 못한 한국 문화의 저력(뿌리)에 복음이 접붙여져 우리 문화를 다시 소생시키는 것을 토착화라 한 것이다. 구체적으로 말하면 이 땅의 불교는 초월(한)의 힘을 지녔고 유교는 삶의 문화를 창조했었으나 그 힘을 상실한 지 오래되었는데, 이제 성육신 종교인 기독교가 이 땅에 들어와 초월과 삶의 문화를 재활성화 시킬 수 있다고 믿는 것이다. 유동식은 이를 초월과 내재를 잇는 풍류라 풀었다. 이처럼 이 땅의 문화를 있는 그대로 인정한다는 점에서 접목론은 토착화론의 최적의 방법론으로 평가된다. 하지만 한국 문화가 오직 밑동 즉 잠재력으로만 남아 있다는 주장은 이웃종교의 시각에서 납득하기 어려울 수도 있다.

5. 다시 한 번 토착화론이 기독교 입장에서 꼭 필요한 이유를 설명해 달라

　토착화란 한두 사람의 이론에 의해 완성되거나 해명되거나 설득되는 것은 아닐 것이다. 하지만 분명한 것은 인간의 삶이란 본래 해석학적이라는 사실이다. 맹목적인 백지 상태에서 무엇인가를 받아들이는 경우는 없다. 우리는 이미 만들어진 세계 속에 던져진 존재들인 까닭에 자신이 속한 세계에 근거한 이해(선입견)를 갖고 살아 갈 수밖에 없는 것이다. 이 경우 선입견은 나쁜 것이 아니라 필연적이라 하겠다. 예컨대 기독교가 하느님을 말할 때 우리는 우리 민족이 상상하던 하느님 이해의 시각에서 기독교의 하느님을 수용해 왔던 것이다. 아마도 이런 신관이 없었더라면 기독교가 지금처럼 확산되지 못했을 수도 있다. 한 종교학자는 이 땅에 들어온 기독교는 자신보다 앞서 있던 유불선 종교들이 지닌 신적 표상을 확대시킨 것이지 그것을 부정할 수도 없고, 부정한 것도 아니라고 언표 한 바 있다. 우리 문화의 선입견을 갖고 서구적 기독교를 수용했다면 그리고 양자가 상호 살아 있는 유기체로서 접목하는 경우 - 해석학적으로는 이것을 지평 융합이라 부른다 - 분명 서구의 그것과 다른 토착화된 기독교의 모습이 생기할 것이라 생각한다. 이미 개신교와 가톨릭, 장로교와 감리교 역시 각각의 토양 속에서 토착화된 기독교의 모습이다. 가톨릭 신학이 히브리적 초월 신관을 희랍적 토양에서 토착화시켰다면 개신교 신학은 히브리 종교를 독일적 신비주의 풍토 속에 녹아내리게 한 것이다. 장로교가 대륙의 종교라면 감리교는 경험주의에 뿌리내린 영국적 기독교의 한 형태라 불릴 수 있을 듯싶다. 앞으로 한국적 기독교에 대한 논의가 중요한 이유가 여기에 있다. 필자가 한류 연구에 관심을 갖는 것도 이런 맥락에서다.

셋째 주

한국 개신교의 토착화 신학자들 (1)
: 유동식과 풍류적 기독교

1. 유동식, 그는 누구인가

　　토착화론의 방법론으로서 접목론을 주창한 유동식은 구순을 지난 나이로 지금도 활발하게 저작 활동을 하고 있다. 성서 신학자로 삶을 시작했으나 무교 연구가, 선교 신학자, 교회사가로서도 진면목을 드러냈으며 무엇보다 접목론에 근거하여 풍류신학을 완성시켜 한국 토착화 신학자의 으뜸 반열에 서 있다. 유동식은 그러나 끝까지 목사직을 받지 않았고 평신도로서 연세대학교에서 후학들을 가르쳤으며 말년에는 스스로 그림을 그리는 화가로서 활동했고 자신을 예술 신학자로 호칭하기도 했다. 한국문화신학회를 창시한 유동식은 지금도 본회 고문으로 활동하고 있으며, 얼마 전 그가 쓴 글들이 전집 10권으로 출판되었다.

특히 그의 주저 『풍류도와 한국의 종교 사상』은 한국의 명저 50권에 이름을 올릴 정도로 널리 알려져 있다. 이 책은 한국 전통 사상의 원류인 풍류와 기독교 사상 간의 접목을 성공적으로 이뤘다는 평가를 받고 있다.

2. 그렇다면 풍류도란 무엇인가, 한국 사상의 원형이란 것인가

앞서 말했듯 『풍류도와 한국의 종교 사상』은 1960년대 초반부터 유동식이 몰두했던 기독교의 한국적 토착화 작업의 결실이다. 그는 반독재 투쟁이 한창이던 당시 일제 시대에 맺힌 한을 풀고자 한국적 사고의 원형을 깊게 탐색했다. 특히 신라시대 당나라 유학생인 최치원이 썼던 비문의 기록, 즉 현묘지도玄妙之道의 내용을 보고 거기서 유불선과도 다른 한국적 종교성의 원형을 발견한 것이다. "우리나라에는 현묘한 도가 있다. 이를 풍류라 한다. 그 가르침의 근원은 선사仙史에 실려 있다. 이는 삼교(유불선)를 포함하는 것이며 뭇사람에게 접하여 그들을 교화시킨다." 다시 말해 풍류는 유불선의 근원으로서 그를 품는 원천이며 그가 운행되는 곳곳에서 일체를 살리는 역할을 했다는 말이다. 하지만 유동식은 이런 종교 문화의 원형인 풍류가 이 땅에 불행히도 밑동(뿌리)으로만 남아 있기에, 충분히 그 힘을 발휘하지 못하고 있다고 보았다. 존재했으되 현시점에서 한국 문화의 정체성이 되지 못하고 있다는 것이다. 여기서 풍류도는 물론 동북아시아 지역에 보편적으로 만연하던 샤머니즘과도 다르다는 것이 그의 지론이다. 오히려 무속이 이 땅에서 종교 윤리적으로 또는 예술적으로 승화된 형태라 했다.

3. 한국 문화의 원형인 풍류도가 한국 종교사의 전개 과정에서 어떤 역할을 했다는 것인지

유동식은 풍류도를 현대적인 우리말로 표현한 바 있다. 소위 '한 멋진 삶'이란 말이 그것이다. 다시 말해 풍류의 영성이 초월을 뜻하는 '한', 현실적인 '삶' 그리고 한과 삶을 연결 짓는 '멋'을 함축하고 있다고 했다. 즉 풍류의 구조를 초월적 한, 현실적 삶 그리고 창조적 멋에서 보았고 결국 '한 멋진 삶'이란 한국적 영성이 추구했던 종교적 이념으로서 이 땅에 유입된 기독교가 완결시켜야 할 과제라 여긴 것이다. 왜냐면 이런 풍류적 영성은 사실 어느 한 요소가 주도적 역할을 하면서 한국 종교 문화사를 형성해 왔던 탓이다. 즉 불교의 경우 형이상학적 초월성인 '한'의 문화를 이끌었고 유교는 사회 윤리적 측면을 강조하는 '삶'의 문화를 창조했으며 이들 불교와 유교가 지배하던 한국에 들어온 기독교는 영적 초월성과 역사적 현실을 조화시키는 '멋'의 문화를 창출해야만 한다는 것이다. 한과 삶만으로는 풍류 영성 곧 '한 멋진 삶'을 이룰 수 없는 것이기에 그를 완성시킬 수 있는 기독교가 밑동으로만 존재하는 우리 문화에 반드시 접목되어야만 한다는 것이다.

4. 그렇다면 기독교의 어떤 면이 풍류 영성을 완성시킬 수 있다고 생각한 것인가

대다수 신학자가 동의하듯 유동식에게 있어 기독교는 성육신(Incarnation)의 종교였다. 하느님이 인간이 된 종교, 즉 초월적 한이 현실적 삶의 형태를 입은 종교인 까닭에 한과 삶의 문화를 대변하는 앞선 종교들의 가치를 완성시킬 수 있다는 것이다. 유동식은 예수 그리스도 안에서 인간과 하느님이 하나가 되어 인간을 온전히 회복시킨 사건이 한국 종교 문화사 안에서도 재현될 수 있다고 믿었다. 앞선 어느 종교도 완성치 못한 한민족의 고유한 영성 곧 풍류 '한 멋진 삶'을 이루는 일이 이 땅에 유입된 기독교가 감당할 과제라 여긴 것이다. 여기서 중요한 것은 한국 민족의 고유한 영성 곧 풍류를 처음부터 기독교적 시각에서 긍정적으로 생각했다는 사실이다. 여타 신학자들이 한국 문화를 부정적으로 보거나 극복의 대상으로 여겼던 것에 비해 한국 종교 문화의 원형 자체를 실현시키고자 한 것은 대단히 중요한 사고라 하겠다. 유동식에게 우주적 그리스도 신앙과 풍류의 영성이 실상 둘이 아니었기에 가능한 일이었다. 하느님은 이스라엘의 하느님이나 기독교의 하느님만이 아니라 이미 태고 시절부터 한국인의 하느님이었다는 확신이다. 그의 말을 인용해 보겠다. "도는 보편적(우주적) 하나이나 그것이 다양한 것은 민족마다 경험과 문화가 다양한 까닭이다. 민족마다 하나님으로부터 받은 길에 독자성이 있는 것이다. 한국인이 받은 길이 바로 최치원이 말한 풍류이다."

5. 불교, 유교가 추구했던 풍류도 그 완성은 오직 기독교에 의해서만 완결될 수 있는가

바로 이 점에서 그가 풍류에 대한 이해에 있어 종교학자들과 달라지는 부분이다. 이미 접목론에서 밝혔듯이 밑동은 오직 잠재력만 지니고 그에 접붙여지는 새로운 가지 곧 새순인 기독교에 의해 뿌리의 힘이 되살아 날 수 있다고 유동식은 보았다. 바로 이 말이 풍류의 완성은 기독교에 의해서 가능하다는 그의 확신의 다른 표현이었다. 유동식의 토착화 이론에 따르면 불교, 유교 등 이웃종교들은 결국 기독교에 의해 완성되기를 기다리는 수동적 존재가 될 수밖에 없다. 우주적 그리스도의 계시가 다원적인 것은 인정했으나 유동식 역시 그리스도의 궁극적 의미를 강조했던 까닭이다. 기독교 신학자로서 유동식의 피할 수 없는 한계이자 자기 입장이라 볼 수도 있을 것이다. 그러나 이에 대한 비판도 적지 않다. 유동식에게 불교와 유교는 살아 숨 쉬는 오늘의 종교가 아니라 복음 이해를 위한 과거의 산물로 곡해될 여지가 충분히 있기 때문이다. 그들이 살아 영향력을 끼치는 오늘의 종교들임에도 말이다. 하지만 여기서 중요한 것은 기독교에 대한 이해가 서구와 달라졌다는 것이다. 예수 십자가에 무게중심을 둔 서구 기독교와 달리 유동식의 풍류적 기독교는 그리스도 안에서 신과 인간이 하나가 된 부활 곧 한 멋진 삶을 강조하는 까닭이다. 따라서 유동식은 십자가가 서구 기독교의 보편적 상징이었다면 이제 풍류적 기독교에 있어 삼태극 즉 한과 멋과 삶을 하나로 엮은 삼태극을 한국적 기독교의 상징임을 역설했다. 여기에는 풍류가 단지 민족적 과거가 아니라 인류의 미래를 책임질 수 있는 우주적 영성으로서 한국 민족에게 주어진 하느님의 은총이라는 유동식의 확신이 크게 자리한다.

넷째 주

한국 개신교의 토착화 신학자들 (2)
: 윤성범의 성(誠)의 신학, 효(孝)의 윤리

1. 신학자 윤성범에 대한 짧은 이해, 그는 누구인가

한국 신학계에 토착화 논쟁을 불러일으킨 윤성범은 일본 동지사同志社 대학교에서 신학을 공부했고 스위스 바젤 대학 신학부를 졸업했으며 감신대에서 조직신학 교수로 일하다 61세 나이로 일찍 타계했다. 비록 유럽에서 공부했으나 그의 학문적 주된 관심은 유교 문화의 뿌리가 깊은 한국 땅에서 유교적 기독교를 정립하는데 있었다. 1964년『기독교와 한국 사상』이란 책을 저술했고 이후『한국적 신학 - 성誠의 해석학』을 펴냈으며, 동서 윤리 비교란 부제 아래『효(孝)』란 책을 저술한 바 있다. 이른 나이에 세상을 떠났기에 그의 토착화 논의가 충분한 결실을 보지 못했으나 한때 혼합주의란 위험을 감수할 만큼 윤성범은 한국적 주체성을 신학의 본질 즉 복음만큼이나 중시했고 『중용(中庸)』의 핵심 개념이자 이율곡이 강조한 성誠을 기독교의 계시 개념과 등가적으로 보았다. 이것은 대단히 중요한 의미를 지닌다. 앞서도 보았듯이, 이는 그의 토착화 방법론인 '종자론'의 철저화로써 이 땅에 뿌려진 씨는 토양(유교)이 달라짐에 따라 꽃의 형태가 달라질 수 있음을 적시한 까닭이다.

2. 윤성범이 말한 '한국적 주체성'이란 구체적으로 무엇을 말하는가

그가 말한 한국적 주체성은 19-20세기 서구 신학자들이 말한 종교적 선험성(Religioese a priori)과 연장선상에 있다. 일반적으로 서구 신학은 기독교를 계시 종교라 하여 여타의 동양 종교들과 분리, 대별하여 생각했다. 기독교를 특별 계시라 하고 여타 종교를 일반 계시에 속한 것으로 보았던 것이다. 불교, 유교를 비롯한 여러 종교의 영어 표현이 '-ism'으로 끝난 것은 그것들이 계시 종교인 기독교와 달리 인간에 의해 만들어진 일종의 이념 체계인 것을 강조할 목적에서이다. 하지만 일련의 신학자들 중에는 기독교를 비롯한 일체의 종교는 예외 없이 역사 속에서 생겨난 것인바 종교적인 것을 발생시킬 만한 선험적 요소가 인간 속에 내재한 까닭이라 설명했다. 슐라이어마허 같은 신학자는 인간의 감정을 종교적 선험성이라 보았고, 에른스트 트릴치는 윤리적 가치를 발생시킬 수 있는 선험적 근거를 인간 속에서 찾아 이를 종교적 선험성이라 명명했다. 20세기 신학자 루돌프 불트만은 이를 복음을 이해할 수 있는 전前 이해라 부르기도 했다. 이런 신학적 배경을 갖고 윤성범은 기독교가 이 땅에 유입되어 토착화될 수 있는 이유를 한국적 주체성에서 찾았고 그를 종교적 선험성과 같은 것으로 여겼다. 이런 맥락에서 윤성범은 무엇보다 단군신화에 나타난 삼신론적 형태 즉 환인, 환웅 그리고 환검(단군)을 기독교 삼위일체론을 이해할 수 있는 한국적 주체성이라 했다. 역易을 근거로 우주를 음양의 원리로 설명하는 중국과 달리 단군신화의 삼신론은 모두 양陽의 원리로서 이들 간의 부자유친父子有親적 가족 원리가 충忠을 중심한 중국적 종교와 구별된다고 생각한 것이다. 이를 근거로 동서양의 종교를 수치와 죄의 문화로 대별한 서양적 시각과도 분명한 선을 긋고자 했다. 부자유친의 신학 즉 효孝 속에서도 죄책 개념이 부재할 수 없다고 생각했던 탓이다. 결국 단군신화에 언표 되었고 유교적 전통에서 강화된 부자유친의 원리, 효孝의 종교성에 터해 기독교가 토착화되는 것만이 서구적 개인윤리를 극복할 수 있는 길이라 여겼던 것이다.

3. 그러나 한국적 주체성이 기독교 복음을 절대시해 온 기독교 시각에서 고수될 수 있는지

수차 언급했듯 윤성범은 복음의 일방적 초월성을 강조하지 않았다. 오히려 토양이 지닌 내재적인 힘이 없다면 복음이 꽃필 수 없고, 씨앗의 자기 동일성이 유지될 수 없다고 보았다. 바로 이런 주장 때문에 당시 기독교 교회들이 윤성범을 종교 혼합주의자로 몰아 갔고 그를 힘들게 했다. 이런 비판에 봉착하여 윤성범은 오해를 받던 '종자론'의 시각을 물린 채 종교적 선험성과 결별한 당대의 최고 신학자 칼 바르트의 시각에서 토착화를 재론하기 시작했다. 여기서 핵심은 성육신 사상이었다. 참 인간이자 참 하느님인 존재는 예수 그리스도 한 사람뿐인바 하느님과 인간을 연결시키는 그 핵심 교리를 기독교는 성령이라 하고 계시라고도 한 것이다. 성령 및 계시 없이는 인간이 참으로 인간일 수 없다는 기독교적 인간 이해는 윤성범에서 성誠의 해석학으로 이어져 갔다. 기독교가 말하는 성령 내지 계시는 유교 전통이 강조하는 성誠과 대치될 수 있다고 생각한 것이다. 성誠 역시 말씀(言)이 이루어진(成) 것을 뜻하는 것으로 그것 없이는 인간이 참된 인간이 될 수 없기에 성誠의 시각에서 기독교적 개념을 이해하는 것이 유교 전통에서 훨씬 용이하다는 판단 때문이었다.

4. 윤성범의 토착화론이 결국 '성(誠)의 해석학'이라 불리는 이유를 좀 더 상세히 설명한다면

주지하듯 성誠이란 말은 이루어짐을 뜻하며 '다 이루었다'는 예수의 마지막 말씀을 상기시킨다. 또한 윤성범은 『중용』의 핵심 개념인 '불성무물不誠無物' 즉 성誠이 없으면 아무것도 존재할 수 없다는 말씀을 성서의 '하느님께서 말씀(로고스)으로 세상을 지으셨다'는 것과 같이 보았다. 성誠이 만물의 근거이기에 만물의 존재 의미 역시 오로지 성誠에 달려있다고 생각했던 것이다. 나아가 윤성범은 성誠을 존재론적 시각뿐 아니라 방법론으로도 활용했다. 성誠이 하느님 그 자체인 동시에 하느님과 인간을 연결시키는 내재적 힘 즉 성령이기도 한 까닭이다. '성자천지도야誠者天地道也, 성지자인지도야誠之者人之道也' 즉 '성은 하늘의 도이고 성하려는 것은 인간의 길'이라는 것이 바로 그것을 말해준다. 즉 성誠하려는 것은 실심實心의 상태로서 인간에게 신앙 곧 성령의 역사에 해당된다

는 것이다. 성하려는 것(誠之)은 하느님(誠)과 함께하는 인간의 위대함이
란 말도 된다. 따라서 윤성범은 '불성무물'이란 말을 다음처럼 인간학적
차원에서 풀어냈다. "뜻(志)이 성실치 못하면 인간이 서지 못하고 이치
(理)가 성실치 못하면 사물과 소통할 수 없으며 기질氣質이 성실치 못히
면 달라질 수 없다." 여기서 뜻, 이치 그리고 기질은 각기 지성, 의지, 감
정으로 달리 말할 수 있는 것인바 인간 존재가 성誠의 유무에 따라 달라
질 수 있다고 생각한 것이다. 이 점에서 윤성범은 하느님이 우리와 함께
한다는 임마누엘이야말로 성誠의 내재화라 여겼다.

5. 『성(誠)의 해석학』과 『효(孝)』 두 책의 상관성을 토착화론의 시각에서 설명한다면

윤성범의 토착화 신학에 있어 성誠과 효孝의 관계는 대단히 중요하
다. 서구 기독교에 비해 내재(관계)적 인격성을 중시한 성誠의 신학에서
윤성범은 가족 해체(개인윤리)를 막을 수 있는 근거를 찾고자 했던 것이
다. 여기서 윤성범은 예수를 일컬어 성誠의 화육으로서 효자라 칭했다.
소위 효자 예수, 효자 기독론이 탄생한 것이다. 예수 안에서 부자유친의
효孝는 성誠의 인식 근거이고 성誠은 효孝의 존재 근거가 될 수 있다. 이를
확대시켜 윤성범은 하늘 아버지는 육신 아버지의 존재 근거이고 육신
조상들은 하늘 아버지를 알 수 있는 인식 근거라 하여 가족 윤리의 동양
적 지평을 강조했다. 서구 개인윤리 차원에서 효가 낙후된 가치로 부정
되는 것을 우려했기 때문이다. 하지만 윤성범의 『효(孝)』가 지나치게 남
성 원리만을 부각시킨 탓에 페미니스트들에게 적지 않게 공격당했다.

그럼에도 그의 본뜻은 남녀를 편 가르는데 있지 않고 유교 공동체 윤리를 통해 서구 개인주의 윤리를 보완하려는 차원에 있었다고 생각한다.

다섯째 주

한국개신교의 토착화 신학자들 (3)
: 토착화론의 예술적 지평, 이신(李信)의 초현실주의

1. 화가 신학자 이신(李信)의 짧은 생애를 말하면

　신학자 이신은 전라남도 돌산 출신으로 특이한 이력을 지닌 사상가였다. 일찍이 도서관의 미술책이란 미술책은 모두 섭렵하고 신학에 입문했던 탓에, 이후 그림은 이신을 예술 신학의 길로 들어서게 했다. 이신은 이 점에서 토착화 신학의 새로운 장르를 개척한 셈이다. 이신이 남긴 저술보다 그림 수가 많은 것도 그의 독특한 이력을 보여준다. 하지만 그는 감리교신학대학교를 졸업했으나 감리교 안에서 활동하지 않았다. 1950년대 한국에서 자생적으로 발생한 '그리스도 환원 운동' 즉 그리스도에게로 돌아가자는 운동을 만난 후 감리교단을 떠났던 것이다. 이후 그리스도 교단에서 일하게 되지만 환원 운동에 대한 에토스는 날이 갈

수록 더해 갔는데, 이신의 토착화 신학은 이런 과정에서 생겨났다. 그가 한국 교회를 좌지우지하던 선교사들과 갈등하며 예수 그리스도와의 동시성을 얻는 것을 강조한 것도 같은 맥락에서다. 이신은 미국의 저명한 벤더빌트 신학대학원에서 '전위 묵시 문학적 현상 - 묵시문학의 현상학적 고찰'을 주제로 박사학위를 받았으나 서구 신학과 교리에 맹종하는 것을 거부하고 한국인으로서 깨달은 성서적 진리를 이 땅에 전달코자 했으며, 그런 차원에서 이신은 목회자들과 더불어 '한국 그리스도인의 선언'을 1974년 선포했다.

2. 묵시 문학적 현상이란 것은 낯선 개념인데 무엇을 말하는 것인지

묵시문학은 성서를 구성하는 여러 장르 중 하나로, 이스라엘 민족이 이웃 제국들에 의해 포로가 되고 치명적 고통을 받는 과정에서 생겨난 독특한 의식을 일컫는다. 다니엘서 등과 같은 구약성서의 일부가 이에 속하며 특히 신·구약성서 중간기에 이런 묵시 문학적 사유가 발달했다. 자신들이 살고 있는 역사 속에서 무언가 해방과 독립을 기대할 수 없을 만큼 암울했기에 그들은 오히려 이런 역사를 철저히 부정함으로써 역사를 극복하려 했고 이런 과정에서 그들에게 특별한 영적 초월의식이 생겨났던 것이다. 이신이 묵시문학을 주제로 삼았던 이유는 인간과 직접적으로 관계하는 하느님의 영에 대한 관심 때문이었다. 말했듯 성서의 묵시 사상이 부패, 강압된 현실을 부정하되 그를 창조적으로 변형시키는 하느님의 양극성을 보여준다고 생각했던 것이다. 묵시문학이 지닌 이런 영적 양극성은 이신의 눈에 초현실주의(Surrealism)라는 예술(미술)의 장르와 본질적으로 잇대어 있는 듯 보였다. 초현실주의를 표방하며 현실을 초극했던 일련의 창조적 예술가들의 정신 속에서 묵시문학의 현상을 다시 읽어낸 것이다. 서구적 교리가 한국인의 정신을 억압하며 자본주의가 인간 삶을 지배하는 현실에서 이신은 스스로 묵시적 환상가가 되어 시화詩畵에 몰두하며 고독과 저항의 사상가로 살았던 것이다. 그가 한국인으로서 최제우를 특히 좋아했던 것도 같은 이유에서일 것이다. 이런 사상적 배경하에서 그는 인간의 치명적 병은 가난도 아니고 오히려 상상력의 부패 내지 상상력의 빈곤이라 했다. 오로지 상상력을 통해 인간은 하느님 형상을 이룰 수 있다고 믿은 것이다.

3. 상상력의 부재 또는 부패를 인간 죄의 원형으로 본 것이 대단히 흥미로운데 좀 더 부연한다면

이신에게 죄는 의식(상상력)의 둔화와 같은 것이었다. 이것은 성서가 말하듯 보아도 보지 못하고 들어도 듣지 못하는 상태(마태 13장 13절)와 같은 것이다. 현실을 봐도 현실을 제대로 읽어내지 못하고 수없는 고통의 소리를 들어도 듣지 못하는 인간 현실에 대한 날카로운 지적인 셈이다. 이로써 묵시적 상상력을 복원하려는 이신의 예술 신학, 초현실주의 신학과 서구의 이성중심의 합리적 신학은 상호 대척점을 이루게 되고 이것이 토착화 신학으로 나가게 하는 동력이 되었다. 서구 신학의 성상(Icon) 파괴는 바로 상상력을 비현실적인 것으로 본 구체적 예증이다. 이성과 감각을 분리시켰고 초자연과 자연을 엄격하게 구분한 이원성이 바로 상상력 부재 내지 둔화, 타락을 초래했다고 생각한 것이다. 하지만 이신에게 상상력은 이성과 감성을 통합시킨 인간 삶의 총체성으로서, 볼 수 없었던 것을 보게 하는 인간 정신의 초월성 곧 영성의 회복이었다. 이를 통해 이신은 사회에 만연했던 부패한 이미지를 치유코자 했고 한국인의 정신세계를 일방적으로 억압하는 서구적 세계관으로부터 자유롭고자 했던 것이다. 이런 차원에서 그가 연구한 묵시문학 현상은 현실 비판적 초월의식과 다르지 않았다. 그에게 상상력과 계시는 동전의 양면처럼 결코 분리될 수 없는 것이었기 때문이다.

4. 영적 해석학으로서 상상력은 이신 신학의 방법론일 터인데 토착화 신학과는 어떤 관계인가

이신은 묵시문학 연구를 통해 초현실주의 신학의 세 가지 요소를 강조했다. 첫째는 말한 대로 초월의식 그리고 부정을 통한 초극, 마지막으로 인자 곧 메시아 사상이 그것이다. 이들 세 요소는 일상사에 대한 무관심, 무반응한 반反의식과 대별되는 것으로서 세상을 향해 광기어린 예언자적 외침을 담고 있다. 이런 시각에서 이신은 기독교의 성육신을 해석했고 동양 정신과의 조우를 모색한 것이다. 즉 이신에게 성육신이란 과거에 존재했던 예수를 믿은 것이 아니라 지금 이곳에서 하느님 영의 현존을 인식하는 것인바 현실 속에서 초월적 절대를 발견코자 했던 동양적 세계와 다를 수 없다는 것이다. 오히려 이는 모방을 거부하고 오직 창조성만을 강조하는 예술 정신과도 잇대어 있는 것으로 깨침과 깨달음을 중시하는 동양 사상의 본질을 닮아 있기도 하다. 결국 인간 사회가 지닌 일체 모순으로부터 해방된 새로운 사회, 혁신된 우주의 미래와 목적을 꿈꾸는 것, 천지인天地人의 변용(메타모르포시스)의 상태를 꿈꾸는 것 역시 후천개벽 사상과 다르지 않다고 믿었다. 하지만 이신에게 중요했던 것은 언제든 그리스도와의 동시성同時性을 획득할 수 있는가 여부였다. 그리스도와의 동시성을 얻는 것이 바로 묵시적 현상이었고 그 빛에서 형성된 초현실주의 신학은 아시아와의 연결 고리를 만들어낼 수 있었던 것이다 그러나 이신은 56세의 나이로 타계했기에 토착화에 대한 많은 저술을 남길 수 없었다. 오히려 그가 남긴 그림과 시 속에서 그런 단초를 읽을 수 있어 아쉽기 그지없다.

5. **그렇다면 토착화 신학의 에토스를 느낄 수 있는 그의 시 한편을 소개할 수 있겠는가**

시가 길어 전문을 다 소개할 수는 없으나 토착화의 문제의식을 볼 수 있는 시 한편을 중략한 채 소개해 보겠다. 시 제목은 <나사렛의 한 목수상木手像>으로서 그의 유고 시집『돌의 소리』에 실려 있다. "아무에게도 매인 바 되지 않았던 나사렛의 목수 그분은 결코 우리를 노예로서 다루지 않습니다. …… 그는 '나는 당신의 종입니다' 하는 말을 제일 싫어 하십니다. 그것은 사람들이 노예적인 살림 가운데서 버릇이 되어 이전 상전에게 아첨하던 버릇을 못 벗어 버리고 하는 소리입니다. …… 그러니 그분은 '나를 믿어 달라'고 요청하시기보다 내 속 좀 알아달라고 하십니다. 그것은 믿는다고 말할 때는 그에게 기대는 종의 버릇으로 대하기 쉽기 때문입니다. 그러니 그를 그저 믿는다고 말하는 것보다 그분이 말씀하시는 말씀 뜻을 깨달을 줄 아는 귀를 가지기를 원하십니다. …… 그래서 이제는 나를 모방치 말고 네가 서 있는 그 자리에서 너희 나름으로 사람답게 살아가라고 하십니다. 너희의 창의력을 갖고 삶을 보람차게 해보라는 것입니다. 남의 흉내를 내지 말고 너는 네 나름대로 네 생을 창조해 가라고 권하십니다. …… 그분이 신이었다는 결론은 그분이 높다는 데서가 아니라 그분의 그처럼 낮아진데 있습니다. 그분이 신이라는 것은 그가 그처럼 가장 약한 자처럼 돌아가신데 있습니다. 그분이 신이었다는 결론은 죽음을 몰랐다는데 있는 것보다 그처럼 죽음으로 삶에 새로운 의미를 불어 넣은데 있습니다."

여섯째 주

한국 개신교의 토착화 신학자들 (4)
: 토착화 신학을 종교해방신학으로 재창조한 변선환

1. 종교재판으로 출교당하기까지 변선환의 삶의 여정

　　변선환은 토착화 신학의 모태인 감리교신학대학교 학장으로서 일평생 종교다원주의 신학을 주창하다 중세기 때나 있을 법한 종교재판을 받은 희생자로 널리 알려져 있다. 1995년 갑작스런 서거로 안타까운 이별을 했으나 그가 남긴 전집 7권 분량의 책자로 그의 꿈과 사랑 그리고 학문에 대한 열정을 느끼고 배울 수 있다. 오늘 우리 시대가 종교다원 사회 현실임을 주창하면서 종교 신학을 정초했고 신학의 탈脫서구화를 토착화론자답게 시종일관 강조했다. 그가 남긴 수많은 아시아 신학자들 - 파니카, 피에리스, 송천성 등 - 에 대한 소개는 자신과 더불어 신학의 서구적 포로기를 벗어나고자 하는 열망의 표현이었다. 한때 그는 '교회

밖에는 구원이 없다'는 전통적 명제와도 노골적으로 싸웠는데, 이 일로 그는 성장 일변도의 교계로부터 미움을 샀다. 하지만 이 말은 말기 징조를 보이는 오늘의 교회에 정말 구원이 있는가를 되묻는 방식으로 교회를 사랑했던 한 신학자의 의중을 한국 교회가 왜곡한 결과였다. 후기 변선환은 자신의 토착화 신학을 민중 신학과 합류시켜 아시아 종교해방 신학을 주창하기에 이른다. 아시아의 가난과 아시아의 종교를 알지 못한 채 이 땅에서 신학 하는 것을 그는 수치로 여겼던 것이다. 하여 그는 서구 신학은 아시아의 가난과 종교성의 세계를 받고 이 땅에 들어올 것을 강조했다.

2. 앞선 토착화 신학자들, 유동식, 윤성범, 이신과의 관계를 알면 좋을 것 같은데

유동식과 윤성범은 변선환에게 선배이자 스승으로서 직간접적인 영향을 많이 주었고 이신과는 동료로서 호형호제하며 지냈다. 유동식이 한국 종교 중 무교를 신학의 파트너로 삼았고 윤성범이 유교를 신학적 주제로 다뤘다면 변선환은 바젤 대학교에서 박사학위 주제를 일본의 선불교 신학자 야기 세이찌를 다룰 만큼 불교에 심취했다. 이대 철학과에서 은퇴한 그의 부인 신옥희 교수도 원효와 야스퍼스를 비교한 불교 철학자라 말할 수 있다. 하지만 변선환은 이들 선배 토착화 신학자들과 여러 면에서 달랐다. 토착화의 문제의식을 종교다원주의적 정서를 갖고 철저하게 천착했으며 토착화 신학이 결핍한 정치적 감각까지 포함시키려 했기 때문이다. 유동식과 윤성범이 이 땅의 정치 경제적 현실에 다소 둔감했고 결국 기독교의 시각에서 유불선 동양 종교를 완성시킬 수 있다는 포괄주의의 맥락에 있었다면, 변선환은 기독교 신학이 아시아에서 근본부터 달라져야 할 것을 주창했으며 더욱이 민중의 가난을 종교해방의 차원에서 피력했던 것이다. 이 점에서 변선환은 비록 토착화 신학을 본격적으로 거론치는 않았으나 한국 그리스도인의 자각을 강조했던 이신과 더욱 근접해 있다. 기독교를 아시아적으로 재再 이미지화하는 것을 변선환은 신학의 탈서구화라 했던바 이는 이신이 말한 상상력 없이는 이룰 수 없는 작업이었던 까닭이다. 물론 변선환의 이런 입장은 단번에 생겨난 것은 결코 아니다. 그 역시 보수 정통주의 신학, 실존주의 사상에 심취한 적도 있었으나 궁극적으로 기독교 역시 역사적 종교로서 기독론을 각각의 전통에서 무제약적 상징으로 해석할 수 있다는 바젤의 신학자 프릿츠 부리의 소위 '비非케리그마 화'의 영향력에 경도된 것이다. 여기서 '비非케리그마 화'라 함은 예수의 교리(형이상학)적 절대성 대신 실존적 유의미성을 강조하는 신학적 명제라 쉽게 이해하면 좋겠다.

3. **변선환 박사가 아시아 신학자들과는 어떤 사상적 교감을 나눴는지 궁금한데**

우선 그가 교감한 아시아 신학자로선 스리랑카의 피에리스, 인도의 파니카, 그리고 대만의 송천성 같은 이들을 들 수 있겠고 미국 신학자로선 기독교의 절대성을 벗겨낸 폴 니터 등을 언급할 수 있겠다. 이들을 통해 변선환은 비기독교적 종교성, 예컨대 아시아적 영성과 기독교의 민중성 곧 이 땅의 가난 문제를 함께 거론하는 것이 아시아에서 신학 하는 의무이자 책임이라 인식하게 되었다. 아시아에서는 남미 해방신학이 말하듯 종교가 계시의 반대개념이거나 해방의 방해거리가 아니라 그 자체로 혁명적 요소가 될 수 있다는 것이 변선환의 확신이었다. 지나치게 마르크스에게 편향된 남미 해방신학과의 차별성을 부각시켰던 것이다. 칼 마르크스 역시 동양은 그 스스로 완성되지 못하고 누군가에 의해 완성되기를 기다려야 할 수동적 존재로 그렸기 때문이었다. 이런 맥락에서 변선환이 한국 기독교에 선포했던 명제는 다음 세 가지였다. 그것은 종교에 대한 서구적 편견으로부터의 자유, 교회중심주의란 우상으로부터의 해방, 기독교의 교리적 절대성의 포기였다. 여기에는 우주 만물을 사랑하는 하느님은 기독교 안에서 뿐 아니라 그 밖 어느 곳에서도 구원의 역사를 이루시며, 종교의 중심은 기독론에 있지 않고 하느님일 수밖에 없다는 신 중심주의적 종교다원론자들의 생각에 동조했던 것이다. 기독교의 절대적 배타성이 사람 잡는 정체성으로 변한 한국 교회의 현실 앞에서, 변선환의 절규는 그를 순교자의 길로 내몰았다. 2012년은 그가 출교된 지 20년이 되는 시점이었다. 이런 변선환의 생각은 실상 그 만의 신학이 아니라 언급된 아시아 신학자들 그리고 서구의 진취적 신학자들과의 교감 속에서 나온 것이기에 그에 대한 한국 교회의 정죄와 심판이 아쉽기 그지없다.

4. 신 중심적 종교다원주의와 토착화의 관계에 대해 좀 더 알고 싶은데

변선환 박사는 종교가 저마다 다르지만 그들 간에는 일종의 공통분모가 있다고 생각했다. 종교가 일상을 뛰어넘어 초월성을 지향하는 한 그것이 어떤 식으로 언표 되었든 공통된 하나를 목적할 수밖에 없다고 생각한 것이다. 물론 드러나는 현상적 차이를 모르지 않았으나 한국적 상황에서 차이를 강조하는 것은 지금까지 그래왔듯 그것이 차별로 인식되는 현실을 너무도 잘 알았던 탓이다. 따라서 변선환의 토착화 신학은 너와 내가 어떻게 다른가를 보여주는 것이 아니라 오히려 내가 어떻게 너의 일부가 될 수 있는지를 보여주는데 목적이 있었다. 하느님이 비록 예수 그리스도를 통해 자신의 사랑을 충족히 보여 주었으나 그것으로 신 전체를 계시한 것이 아니라는 점이 신 중심적 종교다원주의의 핵심이자 변선환이 따르고 싶어 했던 진리였다. 기독교인들에게는 성서의 그리스도를 통해 구원의 길을 갈 수 있는 충분한 근거가 있으나 다른 종교에서도 다른 방식으로 그 길을 갈 수 있다는 것이다. 여기서 변선환은 그리스도에 대한 무제약적 헌신을 부정하지 않으면서도 이웃종교에 열려진 길을 허용하는 아시아적 기독교 곧 토착화된 기독교, 종교다원 시대에 걸맞은 기독교를 생각했던 것이다.

5. 변선환의 실제 삶 속에서 이웃종교들과의 관계는 어떠했는가

변선환 교수에게 가장 큰 영향력을 행사한 이가 불교학자 이기영이었다는 것은 놀라운 일이다. 그의 호가 일아―雅인데, 그것도 이기영 선생이 지어준 것이다. 우리나라 국보급 유교 학자인 고故 유승국 선생도 변선환을 좋아했다. 매해 1월 윤성범 선생님의 기일이 되면 변선환 교수가 마련한 추모 세미나에 유승국 선생은 늘상 참여했다. 일원상―圓相

진리에 대한 긴 논문도 남겨 놓을 정도로 원불교에 조예가 깊었고 특히 여산 유병덕 선생님과 깊은 친분을 맺었다. 종교 간 대화의 개척자인 크리스찬 아카데미의 강원용 목사와의 관계도 대단히 좋았다. 그와 함께 종교 간 대화를 목적한 대학원 대학을 창립할 계획도 세울 정도였다. 지난해 9월 말, 미국 드류 대학에서는 변선환을 추모하는 큰 학술제를 열었다. 종교다원주의 실상을 논하고 그에 걸맞는 영성을 재구축할 목적에서이다. 국영화된 덴마크 교회에 항거하다 객사한 순교자 키에르케고르, 히틀러 치하의 독일 교회에 항거하다 옥사한 본회퍼처럼 변선환 교수는 종교재판의 희생양이 되었으나 그가 남긴 문제의식은 여전히 종교개혁 500년을 앞둔 개신교에 큰 화두로 남아 있다.